Bodensee

Von Marianne Menzel

W0171387

EIN ADAC BUCH

Inhalt

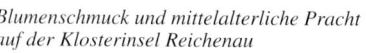

*Blumenschmuck und mittelalterliche Pracht
auf der Klosterinsel Reichenau*

Meersburg – Spaziergang für Romantiker

Birnau – barocker Jubel im Überschwang

Inhalt

Feuerzauber bei den Bregenzer Festspielen

Sommer, Sonne, Ferienstimmung – Badespaß am Bodensee

Dies und Das

Appenzeller Fenstergucker

Bodensee aktuell A bis Z

*Schwimmende Brücken schaffen
Verbindung*

Ein See für alle Jahreszeiten

Ob im Frühling, wenn die Wiesen blühen und die Obstbäume mit ihrem rosaweißen Blütenmeer dem weiten Wasserspiegel Konkurrenz machen, oder im Sommer, wenn man baden oder segeln kann und die Dampfer der Weißen Flotte über das fast endlose Wasserblau gleiten, ob im Herbst, wenn der Wald mit rotbuntem Laub prunkt und der Wein gelesen wird – selbst wenn Nebel den See einhüllt und silbrig-graue Wolken einen Vorhang vor die Bergkulisse schieben –, oder im Winter, wenn es die Skifahrer zu den Pisten zieht und der Alpenkranz um den See weiß überzuckert glänzt: Die Kenner lieben ihren See zu jeder Jahreszeit.

Wanderer und Radfahrer bevorzugen Frühjahr und Herbst, was auch den Vorteil hat, dass manche Orte am See nicht so überlaufen sind wie zur Ferienzeit im Hochsommer. Denn der Bodensee ist ein **beliebtes Reiseziel** – nicht nur für Wassersportler und Naturliebhaber, sondern auch für Kunstinteressierte und Feinschmecker. Hier findet sich alles, was Ferien zum Vergnügen macht: Strände und Städte, Täler und Berge, Schlösser und Klöster, reizvolle Wanderwege und alpine Klettertouren – sowie als kulinarische Zugabe Spitzenrestaurants, die die Früchte des Landes, Wein und Fisch, so stilvoll wie delikat servieren.

Reiches Kulturland

Deutschlands größter See – das ›Blaue Wunder‹ im Dreiländereck – ist vor der gewaltigen Kulisse der Alpen in eine fruchtbare **Gartenlandschaft** eingebettet. Bei einem Besuch am Bodensee fasziniert immer wieder die Vielfalt dieses Bauernlandes und der Reichtum einer über Jahrhunderte gewachsenen Kulturlandschaft. Erst haben die mächtigen

Klöster, dann die handelstüchtigen freien Reichsstädte die Geschicke am See bestimmt. Tausend Jahre lang war die politische Landkarte bunt gescheckt. Wohl nirgendwo sonst reist man so oft und schnell durch drei Länder. Noch heute sieht, fühlt

Oben: *Fröhlich bunt und bilderreich sind die Häuser in Stein am Rhein*

Unten: *Weit und breit – die besten Blicke auf See und Alpenpanorama bietet auch auf dem Ausflugsschiff die erste Reihe*

Links: *Apfelblüte – früher als anderswo in Deutschland verzaubert der Frühling die Landschaft am Bodensee*

und schmeckt man die verschiedenen Traditionen. Badisch, schwäbisch, bayerisch, österreichisch und schweizerisch – die Länder und Landschaften haben alle ihr ganz eigenes Gepräge, von der Sprache über den Häuserbau bis zu den Kochrezepten. Es ist paradox: Der See trennt und verbindet gleichzeitig.

Kunst und Natur im Einklang

Die Möglichkeiten für Ausflüge sind schier unbegrenzt. Wo auch immer man Quartier nimmt – alle Ziele liegen in Reichweite, sind ein Tages- oder Halbtagesausflug. Es gibt kaum eine andere Region in Europa, wo so viel Sehenswertes so nah beieinander zu entdecken ist. Wenn jemand auf den Spuren reicher Patrizier wandeln will: Die freien Reichsstädte **Lindau, Wangen, Ravensburg** oder **Überlingen** laden zu Shopping in romantischen alten Straßen ein. Wer Barockes liebt, folgt den grünen Schildern mit dem kleinen Putto, die den Kunstfreund zu den Höhepunkten der **Oberschwäbischen Barockstraße** führen: Weingarten, St. Gallen oder Birnau. Pracht und Macht der Klöster, die einst das Leben am See bestimmten, kann man noch heute in **Salem** oder auf der **Reichenau** erahnen. Die Zeit trutziger Ritter wird auf der stolzen **Meersburg** lebendig, adliges Leben der Renaissance auf **Schloss Heiligenberg**. Wer auf den Spuren von Kaisern und Königen reisen will, für den sind Konstanz und Lindau zwei gute Ziele, oder Arenenberg, Sommersitz des französischen Kaisers Napoleon III. – wie es Langenargen und Friedrichshafen für die württembergischen Könige waren. Bedeutende **Künstler** haben am

See gelebt und gearbeitet: **Jörg Zürn**, der den großen Altar im Überlinger Münster schuf, ein Meisterwerk an der Schwelle zum Manierismus; **Balthasar Neumann**, der das Treppenhaus der Meersburger Residenz entwarf; **Joseph Anton Feuchtmayer** (Feichtmayr), das vielseitige Genie des Rokoko, das mit der Birnau eines der Wahrzeichen am Bodensee schuf.

Oben: *Jörg Zürn hat sich im prächtigen Überlinger Altar selbst als Hirte dargestellt*

Links: *Farb- und formschön ist auch der Kohl im Blumen-Eldorado Mainau*

Unten: *Opulent sind die Schnitzereien in der Kapelle von Schloss Heiligenberg, 1586*

Rechts: *Bilderbuch-Erlebnisse garantiert – beim Bummel im mittelalterlichen Meersburg (oben) oder beim Besuch im Pfahlbaumuseum Unteruhldingen (unten)*

Sogar eine Zeitreise durch zwei Jahrtausende kann man an einem Tag erleben: von den **Pfahlbauten** der frühen Siedler in Unteruhldingen ins **Zeppelin Museum** von Friedrichshafen, wo man die allerneueste Technologie bewundern kann. Wer hoch hinaus will, hat die Wahl zwischen zwei **spektakulären Gipfeln** – Säntis und Pfänder. Der atemberaubende Blick auf Berge und See ist bequem mit der Bergbahn zu erreichen. Doch auch viele kleine Wanderungen führen zu traumhaften Aussichten, sei es vom nur 754 m hohen Gehrenberg oder von der kleinen Kirche bei Horn. Geführt von Naturschützern erlebt man fast unberührte Natur im **Wollmatinger** oder **Eriskircher Ried**, und auf der **Blumeninsel Mainau** zeigt die gezähmte Natur all ihren Überfluss in den buntesten Farben.

Berühmte Besucher

Bei aller Vielfalt ist die Landschaft überschaubar und leicht zu ›erobern‹. Das war nicht immer so. Die klassische Route der großen Kavaliers- und Bildungsreisen des 17. und 18. Jh. führte nur selten über den Bodensee. Sicher, der große französische Philosoph **Michel de Montaigne** war hier und lobte die Küche, **Johann Wolfgang von Goethe** kam – aber nur auf der Durchreise, **William Turner** aquarellierte die Landschaft um Bregenz

9

men Wilhelm getauft, den Verkehr nach Rorschach aufnahm, waren die Segelschiffer nicht begeistert. Das einträgliche Geschäft mit dem Warentransport war vorbei und an Tourismus dachte damals niemand. Man blieb eher bürgerlich und wurde nicht mondän wie Baden-Baden oder der Genfer See. Um 1900 war eigentlich nur **Heiden** ein Kurort von Weltrang. Mit der zunehmenden Verbreitung des Autos entwickelte sich der Bodensee zum immer beliebteren Ferienziel. Rundflüge mit Dornier-Wasserflugzeugen waren die Attraktion – und natürlich der in Friedrichshafen gebaute **Zeppelin**; auch **Hermann Hesse** unternahm 1911 mit dem LZ 10 ›Schwaben‹ eine ›Spazierfahrt in der Luft‹.

und reiste weiter nach Italien. Die Romantiker fanden ihre blauen Blumen anderswo. Es war die Westfälin **Annette von Droste-Hülshoff**, die die schönsten Verse auf die Bodenseelandschaft schrieb. Seit Anfang des 20. Jh. siedelten sich dann Künstler und Kunsthandwerker rund um den See an, der in den Jahren nach 1933 für so manchen zur Zuflucht wurde: Erich Heckel, Otto Dix, Hans Purrmann – um nur die bekanntesten Namen zu nennen.

Der Tourismus ließ auf sich warten

Spät wurde der Bodensee touristisches Ziel. Erst in den 70er-Jahren des 19. Jh. entstanden große Hotels und ›Kurhaus-Aktiengesellschaften‹ wie in Friedrichshafen. Badeanstalten mit langen Stegen und hölzernen Badehäuschen wurden angelegt. Die Eisenbahn und dann die Dampfschifffahrt brachten den Anschluss an die große Welt. Als allerdings das erste in Friedrichshafen gebaute **Dampfschiff,** auf den königlichen Na-

Schutz tut not

Die industrielle Revolution des 19. Jh. hat auch das Leben am Bodensee verändert. Die nach dem Zweiten Weltkrieg wieder belebte Wirtschaft trug jedoch mit zur Umweltverschmutzung bei. Die Wasserqualität verschlechterte sich in den 1960er-Jahren dramatisch, was sich inzwischen durch strengere Vorschriften und den konsequenten Bau von Kläranlagen deutlich verbessert hat. Doch auch wenn der Phosphorgehalt gesunken ist – die Schadstoffe werden nicht weniger. Es bleibt die gemeinsame Aufgabe aller Anliegerländer, das empfindliche Gleichgewicht zwischen dem Bodensee als Trinkwasserspeicher, zwischen der Landwirtschaft, zu schützender Natur und den Wünschen der Bewohner wie der Feriengäste zu bewahren. Die Menschen am See, vor allem die Jugendlichen, tragen wenigstens einmal im Jahr das Ihre dazu bei, wenn im Frühjahr bei der ›Seeputzete‹ die Umwelt entrümpelt wird.

Auch Bausünden blieben der Landschaft nicht erspart, doch wenn jetzt neue

Straßen entstehen, sind es meist Umgehungsstraßen. Fast jede Stadt hat ihre Fußgängerzone, Öko wird in vielen Orten groß geschrieben. Mit dem gewachsenen Umweltbewusstsein werden Obst und Wein immer öfter biologisch angebaut. ›Augenlust und Nutzen‹, die der barocke Dramatiker Josua Wetter in seinem Lobgedicht auf St. Gallen preist, charakterisieren noch heute die Seelandschaft.

Von öffentlichen Lustbarkeiten

Land und Leute rund um den See sind voller Lebenslust. Und damit es nie langweilig wird, hat man die Kunst Feste zu feiern perfektioniert. Das beginnt im Winter mit der **Fasnet**, die in Konstanz, Überlingen, Stockach oder Markdorf ihre urtümlichen Hochburgen hat, und zieht sich durch den ganzen Sommer. In Kirchen und Schlössern wird aufgespielt, überall liegt Musik in der Luft. Märchenhaft glitzert der nächtliche See unter prächtigen Feuerwerken, bevor dann mit dem Herbst die Zeit der fröhlichen **Weinfeste** beginnt. Den erlebnisreichen Tag bei einem guten Schoppen auf einer Terrasse am See ausklingen zu lassen, ist das wahre Glück der Genießer. Die stille Feier der Natur dieser heiter-gelassenen Landschaft bekommt die buntesten Farben durch die vielen Feste. Zuweilen weht hier doch ein Hauch von Paradies – zu jeder Jahreszeit.

Oben: *Lust zum Feiern – die Bregenzer Festspiele ziehen sommers mehr als 150 000 Zuschauer an*

Unten: *Allerorten werden im Herbst fröhliche Weinfeste gefeiert*

Links oben: *Äpfel gibt es in Hülle und Fülle*

Links Mitte: *Ein freundliches Pärchen der alemannischen Fasnet – ›Kornköfler‹*

Links unten: *Petri Heil am Bodensee*

Der Reiseführer

Dieser Band stellt die Ferienregion **Bodensee** in fünf Kapiteln vor, wobei die Autorin rund um den Dreiländersee führt und jeweils auch Abstecher ins Hinterland macht – auf schweizerischer Seite zum Rheinfall und nach St. Gallen, im österreichischen Vorarlberg bis nach Hohenems, vom deutschen Ufer aus nach Salem und Ravensburg bis Isny.

Themenkästen und die **Praktischen Hinweise** zu Auskunftsstellen, Hotels und Restaurants bieten weitere Informationen. Die **Top Tipps** gewährleisten ein schnelles Auffinden der Highlights, **Stadtpläne** und **Karten** erleichtern die Orientierung. Der **Aktuelle Teil** bringt, alphabetisch geordnet, Nützliches – u. a. zu den Themen Anreise, Einkaufen und Feste.

10 000 v. Chr. Funde aus dem Kessler-loch (Kanton Schaffhausen) belegen eine Besiedlung seit der Steinzeit.

4000–800 v. Chr. Pfahlbausiedlungen

5. Jh. v. Chr. Kelten errichten befestigte Siedlungen.

1. Jh. v. Chr. Römer am Lacus Venetus; Brigantium (Bregenz) wird – neben Arbon, Clunia (Feldkirch), Constantia (Konstanz) und Tasgaetium (Eschenz bei Stein am Rhein) – Hauptstützpunkt der Provinz Raetia; die Kelten werden in einer Seeschlacht um 15 v. Chr. besiegt.

Römer-Spuren im Museum Arbon – Stirnziegel mit weiblicher Maske

3. Jh. n. Chr. Alemannen besiedeln den Bodenseeraum.

395 Ende der Römerherrschaft.

496 König Chlodwig I. unterwirft die Alemannen und gliedert sie dem Reich der Franken ein.

um 550 Gründung des Bistums Konstanz.

um 610 Die iroschottischen Wandermönche Kolumban und Gallus missionieren die Bevölkerung.

8. Jh. Gründung der Klöster St. Gallen (um 720) und Reichenau (724), die bis zum 12. Jh. kulturelle Zentren sind.

um 750 Bodman wird karolingische Pfalz.

9. Jh. Notker der Stammler, der wohl bedeutendste Gelehrte und Dichter der Zeit, wird 840 in St. Gallen geboren. Walahfrid Strabo, Theologe und Lyriker, schreibt die ›Vita S. Galli‹ und den ›Hortulus‹.

10. Jh. Die Herrschaft der Karolinger endet, die Städte am See bilden den Kern des Herzogtums Schwaben. In der Reichenauer Malschule entstehen Meisterwerke wie der Codex Aureus für Otto III. und das Perikopenbuch Heinrichs II. Meersburg wird 988 erstmals erwähnt.

1134 Elsässer Zisterzienser gründen Kloster Salem.

1183 Mit dem Frieden von Konstanz (Lombardischer Frieden) beendet Friedrich I. Barbarossa den Krieg der Staufer gegen die oberitalienischen Städte.

1219 Lindau wird freie Reichsstadt.

1272 Die Insel Mainau wird Deutschordens-Kommende.

1273 Nach Untergang des Stauferreichs und Erlöschen des schwäbischen Herzogtums wird Rudolf I. von Habsburg (1218–1291) deutscher König; Teile des Bodenseegebiets kommen zu ›Vorderösterreich‹.

1291 Uri, Schwyz und Unterwalden erneuern ihr Bündnis im Kampf gegen Habsburg – der erste Schritt zur Gründung der unabhängigen Schweiz.

1312 Konstanz, Schaffhausen, St. Gallen und Zürich schließen ein Städtebündnis, dem später weitere ähnliche Bündnisse folgen.

1336 Zunftaufstand in Zürich, wenig später auch in Lindau und Konstanz.

1380 In Ravensburg wird die ›Große Ravensburger Handelsgesellschaft‹ gegründet, der sich später weitere Städte in Oberschwaben und der Nordschweiz anschließen; sie wird Mitte des 15. Jh. zu einer Macht im Fernhandel. Auch die freien Reichsstädte Buchhorn (Friedrichshafen) und Konstanz sind Wirtschaftszentren. Vor allem Leinwandproduktion und -handel machen die Städte reich.

1401–08 Der Appenzeller Krieg zwischen den Bürgern des Appenzell und der Abtei St. Gallen wird nach den Schlachten bei Stoß und Vögelinsegg 1408 mit

Huldigungsbild aus dem Evangeliar Ottos III., entstanden im Kloster Reichenau (10. Jh.)

dem Frieden in Konstanz beendet. Der ›Bund ob dem See‹, den die Appenzeller mit mehreren Orten im Altrheintal geschlossen hatten, hat keinen Bestand.

1414–18 Das Konzil von Konstanz beendet mit der Wahl Papst Martins V. das Schisma der römisch-katholischen Kirche; 1415 wird der böhmische Reformator Jan Hus als Ketzer verbrannt.

1445 Der ›Lindauer Bote‹ wird gegründet, der den Post-, Waren- und Personenverkehr auf der Strecke von Augsburg über Lindau nach Mailand besorgt.

1488 Fürsten, Ritter und die schwäbischen Reichsstädte schließen den Schwäbischen Bund.

1496/97 König Maximilian I. hält Reichstag in Lindau; der Gemeine Pfennig, seine Steuerforderung, lässt sich nicht durchsetzen.

1499 Im ›Schwabenkrieg‹ unterliegen die Truppen des Schwäbischen Bundes; der Thurgau kommt zur Eidgenossenschaft, Konstanz wird damit Grenzstadt. Die Reichssteuern für die Schweiz werden in Basel für unverbindlich erklärt, die Eidgenossenschaft löst sich vom deutschen Reich.

1501 Schaffhausen und Appenzell (1513) treten in den Schweizer Bund ein. 1516 proklamiert die Schweizer Eidgenossenschaft Neutralität.

1521 In Konstanz wird die Reformation eingeführt, wenig später auch in Schaffhausen und St. Gallen. Während sich viele Reichsstädte der Reformation anschließen, bleiben die ländlichen Gebiete katholisch.

1524/25 In den Bauernkriegen, in denen es auch um eine Neuregelung der Rechtsprechung geht, siegen schließlich die Fürsten; Georg Truchsess von Waldburg (›Bauernjörg‹) ist entscheidend an der Niederschlagung der aufständischen Bauern beteiligt.

1526 Meersburg wird Residenz der Konstanzer Bischöfe (bis 1803).

1531 Konstanz, Lindau und Isny schließen sich dem (zunächst geheimen) Schmalkaldischen Bund an, der die protestantische Lehre schützen soll.

1534 Württemberg, seit 1520 unter österreichischer Herrschaft, wird von Herzog Ulrich zurückerobert; die Reformation wird eingeführt.

1546/47 Schmalkaldischer Krieg: Kaiser Karl V. besiegt den Bund evangelischer Reichsstädte. Konstanz wird österreichisch und wieder katholisch.

1618–48 Im Dreißigjährigen Krieg besetzen schwedische Truppen Buchhorn, Bregenz und die Insel Mainau, es folgt der wirtschaftliche Niedergang der Region.

1660 Franz Beer von Bleichten wird in Bezau geboren; die weit verzweigte Künstlerfamilie prägt mit dem ›Vorarlberger Münsterschema‹ entscheidend die vielen Kirchenbauten der Gegenreformation am Bodensee. Blüte des Barock.

1701–14 Vorarlberg wird in die Wirren des Spanischen Erbfolgekriegs gezogen und verteidigt sich gegen Frankreich; auch im Österreichischen Erbfolgekrieg 1744 werden die Franzosen an der Bregenzer Klause abgeschlagen.

Aus der reich illustrierten Richental-Chronik des Konstanzer Konzils, 15. Jh.: Jan Hus wird zum Scheiterhaufen geführt

1734 Franz Anton Mesmer wird in Iznang am Zeller See geboren, er stirbt 1815 in Meersburg; seine Lehre vom ›tierischen Magnetismus‹ erregte internationales Aufsehen.

1757 Angelika Kauffmann (1741–1807) malt ihre ersten Bilder in der Kirche von Schwarzenberg. Sie lebt später in England und Italien und wird zur bekanntesten Malerin des Klassizismus.

1798–1801 Die Truppen Napoleons besetzen die Schweiz, die zur Helvetischen Republik erklärt wird (bis 1803); in der Schlacht von Feldkirch 1799 besiegt der Vorarlberger Landsturm die Franzosen.

1803 Der Reichsdeputationshauptschluss säkularisiert die Klöster und geistlichen Fürstentümer in Deutschland, die Zahl der Reichsstädte wird reduziert.

1805/06 Der Pressburger Frieden macht Bayern und Württemberg zu Königreichen, Baden zum Großherzogtum. Napoleon schlägt Lindau und Vorarlberg zu Bayern, Buchhorn zu Württemberg und das übrige deutsche Ufer an Baden.

1811 König Friedrich I. von Württemberg lässt in Buchhorn, das seitdem nach ihm Friedrichshafen heißt, einen großen Hafen anlegen.

1814 Vorarlberg kommt wieder zu Österreich und erhält 1861 einen eigenen Landtag.

1815 Der Frieden von Paris sichert die Neutralität der Schweiz.

1830 Die erste Dampfschifffahrtsgesellschaft wird gegründet. – Nachdem schon die Leinen- und Baumwollweberei St. Gallen reich gemacht hatte, beginnt

Weißstickerei mit Schiffli-Stickmaschine, frühes 20. Jh., Textilmuseum St. Gallen

nun mit der Einführung der Handstickmaschine das industrielle Zeitalter.

1838 Joseph von Laßberg kauft die Meersburg. Er macht die Burg zum Treffpunkt von Forschern und Schriftstellern.

1845/46 Eduard Mörike, der einige Male zu Besuch am See war, schreibt die ›Idylle vom Bodensee‹.

1848 Annette von Droste-Hülshoff, die bedeutendste Lyrikerin ihrer Zeit, stirbt auf der Meersburg. – Im badischen Seekreis bildet sich eine starke Opposition der Liberalen und Demokraten; Friedrich Hecker ruft in Konstanz die Deutsche Republik aus, die Revolution wird 1849 zerschlagen.

um 1850 Dank starker Mechanisierung bei Spinnereien und Webereien wird Vorarlberg als österreichisches Manchester bezeichnet.

1855 Der Roman ›Ekkehard‹, ein Bestseller des 19. Jh., erscheint; sein Autor,

Graf Zeppelins LZ 1 – der erste Aufstieg am 2. Juli 1900 in Friedrichshafen-Manzell

Victor von Scheffel, lebt später auf der Mettnau bei Radolfzell.

1858–73 Der Ausbau des Eisenbahnnetzes und die zunehmende Industrialisierung bringen den Aufschwung am Bodensee.

1867 Für den gesamten Bodensee wird eine Internationale Schifffahrts- und Hafenordnung verabschiedet.

1879 Die Eisenbahnfähre Friedrichshafen–Romanshorn wird eingerichtet (1976 eingestellt).

1881 Der Pfarrer Heinrich Hansjakob (1837–1916), auch ein populärer Schriftsteller, gründet in Hagnau die erste badische Winzergenossenschaft.

1900 Der erste Zeppelin steigt am 2. Juli in Friedrichshafen-Manzell auf und bleibt 18 Minuten in der Luft; in den Jahren ab 1920 wird Friedrichshafen auch mit den Großflugbooten von Dornier zu einem Zentrum der Flugzeug- und später der Rüstungsindustrie.

1904–11 Hermann Hesse lebt in Gaienhofen.

1919 Vorarlberg wird von Tirol getrennt und ein eigenes österreichisches Bundesland; in einem Volksentscheid hatte die Bevölkerung allerdings mit 80% Mehrheit für den Anschluss an die Schweiz gestimmt. – Lindau wird (wie München) Räterepublik, der württembergische Truppen unter dem Kommando von Erwin Rommel jedoch bald ein Ende machen.

1921 Horst Wolfram Geißlers Erfolgsroman ›Der liebe Augustin‹ erscheint, der in Lindau und am Bodensee zur Napoleonzeit spielt.

1935 Die Bergbahn auf den Säntis wird eröffnet; schon 1927 war der Pfänder durch eine Seilbahn erschlossen worden.

1936–69 Der Maler Otto Dix lebt in Hemmenhofen, ab 1944 auch Erich Heckel. Der Bodenseeraum ist in der Nazizeit Zuflucht für viele Verfolgte.

1939–45 Im Zweiten Weltkrieg werden Friedrichshafen und Singen mit ihren Rüstungsbetrieben stark zerstört.

1945 Das deutsche Bodenseegebiet ist französische Besatzungszone. In Überlingen findet die erste Ausstellung moderner Kunst nach der Hitlerzeit statt.

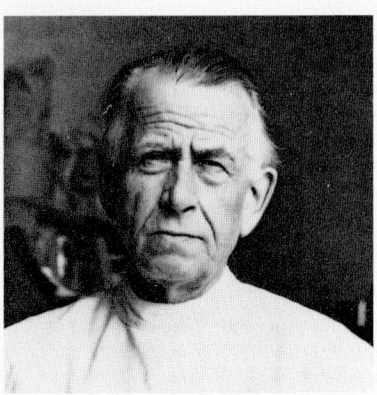

1936 bis 1969 lebte der Maler Otto Dix in Hemmenhofen am Untersee

1946 Die Bregenzer Festspiele finden erstmals statt.

1951 Erstes Treffen der Nobelpreisträger in Lindau.

1952 Baden und Württemberg werden zum Bundesland Baden-Württemberg zusammengefasst.

1959 Eine internationale Gewässerschutzkommission für den Bodensee wird in St. Gallen gegründet; seit 1972 regelt die Internationale Bodenseekonferenz übergreifende Fragen.

1963 Seegfrörne – im Februar ist der Bodensee zum vorerst letzten Mal zugefroren (seit dem 9. Jh. mehr als 30-mal). Ein Postreiter, der 1573 über den See ritt, regte Gustav Schwab zu dem Gedicht ›Der Reiter und der Bodensee‹ an.

1966 Gründung der Universität Konstanz.

1971 Die Schweiz führt das Frauenstimm- und Wahlrecht ein.

1976 Die Internationale Bodensee-Schifffahrtsordnung tritt in Kraft.

1981 Martin Walser, 1927 in Wasserburg geboren, erhält den Büchnerpreis.

1989 Erstes Bodensee-Festival.

1994 Zwischen Weinfelden (CH) und Engen (Hegau) verkehrt der Regionalzug ›Seehas‹.

1996 Das Zeppelin Museum in Friedrichshafen wird eröffnet.

2001 Die Klosterinsel Reichenau wird im August von der UNESCO feierlich als Weltkulturerbe anerkannt.

Sehenswürdigkeiten

Rund um Konstanz –
alte Kunst und junges Gemüse

Breit und gemächlich strömt das Wasser. Hier, am Konstanzer Trichter, beginnt mit Kilometer 0 die offizielle Zählung des Rheins auf seinem langen Weg ins Meer. Die Tour am deutschen Ufer entlang führt zu **Dichtern, Malern und Mönchen**, auf zwei **Trauminseln**, zu einer steinstarrenden **Festung** und zum **Schloss der Narren**. Überall bezaubern weite Panoramablicke über den Untersee, den Zeller See und den Gnadensee bis hin zu den Vulkankegeln des Hegau. Die Landschaft gleicht bunten Märchenbildern – hier das quirlige Leben von **Konstanz**, dort der melancholische Charme verschilfter Ufer und hoher Pappelalleen, hier der stille Buchenwald der **Höri**, dort weiße Schiffe, die fröhliche Feriengäste an das andere Ufer bringen, hier die mediterrane Blumenpracht der **Mainau**, dort kleine Fischerdörfer und weite Gemüsefelder.

 **1 Konstanz**   *Plan hintere Umschlagklappe*

Eine Stadt, in der Mittelalter und Moderne entspannt zusammenleben.

Die mit 79 000 Einwohnern größte Stadt am Bodensee, gleichermaßen an Rhein und See gelegen, ist auch eine der ältesten. Die Lage an der Grenze Deutschland/Schweiz prägt Konstanz ebenso wie die Universität. Man lebt in alten Mauern zwischen gemütlichen Weinstuben und modernen High-Tech-Betrieben.

__Geschichte__ Seit Urzeiten besiedelt, war Konstanz unter Kaiser Tiberius militärischer Vorposten und nach dem Abzug der Römer alemannisch. Bischofssitz seit dem 6. Jh., Reichsstadt seit 1192, wurde die Stadt vor allem durch Leinwandhandel reich. Kaiser Friedrich I. Barbarossa hielt hier mehrmals Hoftage ab. Wegen der günstigen Verkehrslage wählte man Konstanz als Tagungsort für das 16. Konzil. König Sigmund, der im Münster zum Kaiser gekrönt wurde, der vom Konzil dann abgesetzte Papst Johannes XXIII., Enea Silvio Piccolomini, der spätere Papst Pius II., der Dichter Oswald von Wolkenstein und der Bankier Cosimo Medici waren unter den

Besuchern des Konzils, das 1414–18 im Münster tagte und mit der Wahl des Grafen Colonna zum Papst Martin V. die 40-jährige Kirchenspaltung beendete. Das Konzil verabschiedete auch mehrere Reformgesetze, dennoch wurde der böhmische Reformator Jan Hus als Ketzer verbrannt.

Nach dem verlorenen Schwabenkrieg wurde Konstanz 1499 Grenzstadt. Schon früh setzte sich hier die Reformation durch – 1526 übersiedelte die bischöfliche Verwaltung nach Meersburg. Die Niederlage im Schmalkaldischen Krieg führte 1548 zum Verlust der Reichsfreiheit, Konstanz wurde Teil des Habsburger Reiches – und wieder katholisch. Erst 1805 fiel die Stadt an Baden. 1821 erfolgte die Auflösung des einst größten Bistums auf deutschem Boden.

Entlang der Konstanzer Bucht
Neues Wahrzeichen an der Hafeneinfahrt ist Peter Lenks **Imperia** ❶ von 1993. 9 m hoch, dreht sich die Statue auf einem alten Leuchtturmsockel. In den erhobenen Händen hält Imperia zwei Gauklerfiguren – den Kaiser und den Papst: Die schöne Kurtisane des Konzils spielt mit den Mächtigen wie mit Puppen. Vorbei am

Vorhergehende Doppelseite: *Birnau – Barockjuwel in Bilderbuchlandschaft*

Denkmal, das an **Graf Ferdinand von Zeppelin**, den in Konstanz geborenen Luftschiffbauer erinnert, kommt man zum **Konzilgebäude** ②. In dem 600 Jahre alten ehem. Kauf- und Lagerhaus fand 1417 die Papstwahl statt, die einzige auf deutschem Boden. Im Inneren des Baus mit mächtigem Walmdach tragen massive Eichenstützen zwei dreischiffige Hallen übereinander.

Nordwärts durch den Stadtgarten gelangt man zu der früheren Insel mit dem **ehem. Dominikanerkloster** ③, das im 19. Jh. Textilfabrik, dann Wohnsitz der Grafen Zeppelin war und heute *Steigenberger Inselhotel* [s. S. 24] ist. Jenseits der Bahnlinie, dem Fischmarkt gegenüber, liegt das **Alte Rathaus** ④ aus dem 15. Jh., das Michael Beer 1733 umgebaut hat. Das **Stadttheater** ⑤ an der viel befahrenen Konzilstraße, 1609 als Jesuitenkolleg gegründet, ist Deutschlands älteste, fast ununterbrochen bespielte Bühne. Die frühbarocke Jesuitenkirche **St. Konrad** ⑥ (heute altkatholisch) nebenan besitzt eine schöne Rokokoausstattung.

Ein kleiner Abstecher führt zum Rheinufer, an dem der **Rheintorturm** ⑦ und der **Pulverturm** ⑧ als Reste der alten Stadtbefestigung erhalten sind. Vorbei an der barocken **Dompropstei** ⑨ und der Spitalkellerei bummelt man nun in Richtung Münster durch die schmalen, verwinkelten Gassen des ältesten Stadtviertels Niederburg mit seinen vielen urigen Weinstuben und Kneipen.

Stein gewordene Architekturgeschichte – das Münster

Das **Münster Unserer Lieben Frau** ⑩ – Dom des einst größten Bistums nördlich der Alpen – geht in seiner heutigen Form auf das Jahr 1089 zurück. Der neugotische Turmaufsatz auf der Aussichtsplattform wurde erst 1860 vollendet. Das monumentale Langhaus der dreischiffigen Säulenbasilika wirkt trotz aller Umbauten noch romanisch, das gotisierende Netzrippengewölbe ist eine barocke Zutat. Von der alten Ausstattung ging vieles beim Bildersturm der Reformation verloren, den Eindruck prägt die klassi-

Unübersehbar am Konstanzer Hafen – Peter Lenks ›Imperia‹ vor dem Konzilgebäude

Verführt – Papst und Kaiser im Griff der selbstbewussten Kurtisane

Die schöne Imperia

700 Dirnen, *berichtet der Chronist, sollen während des* **Konstanzer Konzils** *ihrem losen Gewerbe nachgegangen sein. Eine der begehrtesten war* **Imperia**, *»die hoffärtigste und launischste Metze der Welt, außer dass sie als die strahlendste Schönheit verrufen war. Keine wusste wie sie die Kardinäle zu berücken … sie brauchte nur ein Wort zu sagen, um Missvergnügte vom Leben zum Tod zu befördern… sie ließ alle nach ihrem Pfeifchen tanzen.«* **Honoré de Balzac** *erzählt satirisch in seinen* ›Ergötzlichen Geschichten‹, *wie ein armes junges Priesterlein einen Bischof und einen Kardinal überlistet und die Gunst der schönen Kurtisane erringt, »deren Pantoffel den Fürsten köstlicher schien als der Pantoffel des Papstes«. So ganz historisch verbürgt ist das zwar alles nicht – doch* **Peter Lenk** *hat dem alten Thema vom erotischen Spiel mit der Macht in seinem Monument eine ungewöhnliche Form gegeben.*

zistische Dekoration von Michael d'Ixnard. Sehenswert sind die geschnitzten *Portaltüren* und das *Chorgestühl* (beide um 1470), die imposante *Orgelbühne* (1518) und die gotische *Welserkapelle* gleich links vom Eingang. Vorne im Langhaus ist eine Platte in den Boden eingelassen: Hier soll Jan Hus bei seiner Verurteilung gestanden haben. In der romanischen **Krypta** (10. Jh.) beeindrucken vier vergoldete **Kupferscheiben** (11. Jh.), die früher den Chorgiebel schmückten und den thronenden Christus und Heilige zeigen. Blickfang im Nordquerhaus (Thomaschor) ist die *Schnegg*, eine reich skulptierte, turmartig gestaltete Treppenspindel (15. Jh.). Eigenwillig ist die **Mauritius-Rotunde** östlich hinter dem Chor im Münstergarten, die der später heilig gesprochene Bischof Konrad mit dem zwölfeckigen, figurenreichen *Heiligen Grab* (1260) errichten ließ. Beschaulich wirken die zwei erhaltenen Flügel des gotischen **Kreuzgangs** mit der Sylvesterkapelle (Führungen nach Anfrage unter Tel. 9 06 20).

Vom Münsterplatz nach Süden

Rund um den Münsterplatz stehen schöne alte Häuser. Dem Münster gegenüber leuchtet in der Wessenbergstraße die rote Front des 1998 eingeweihten **Kulturzentrums** 🔴. Dieser Neubau wurde geschickt mit der Rustikafassade des denkmalgeschützten *Zunfthauses zur Katz* (15. Jh.) und der schönen klassizistischen Fassade des *Wessenberg-Palais* zusammengefügt. Auch im Inneren wurde Altes harmonisch integriert, modern sind die Solarzellen, die zur Stromversorgung beitragen. Unter einem Dach befinden sich hier jetzt Wessenberg-Galerie, Kunstverein, Stadtbücherei, Volkshochschule und natürlich ein Restaurant.

Im **Haus zur Kunkel** 🔴 gegenüber sind Fresken aus dem frühen 14. Jh. erhalten, die Leinwandweberinnen bei der Arbeit zeigen.

Am Stephansplatz gibt es dienstags und freitags knackiges Obst und Gemüse am Markt, hier steht auch die **Stephanskirche** 🔴. Die spätgotisch erweiterte, flach gedeckte Basilika mit Rokokochor besitzt gute Passionsreliefs des bedeutenden Konstanzer Bildhauers Hans Morinck (1560–1616). Teile des Chorgestühls stammen aus dem Münster – es sind die Sitze, auf denen die Konzilsväter tagten. Am anderen Ende des Platzes, am

Bürgersaal 14, der früheren Franziskanerkirche, erinnern drei Keramikbilder von Johannes Grützke an Friedrich Hecker, der hier 1848 die Revolution ausrief.

Über die Torgasse zu erreichen ist die Untere Laube, wo man die grotesken, Wasser speienden Figuren am satirischen **Triumphbogen** 15 von Peter Lenk bestaunen kann. Nach Süden geht es am **Wohnturm zum Goldenen Löwen** 16 in der Hohenhausgasse (mit bedeutender Fassadenmalerei von 1580) und am Obermarkt am **Haus zum hohen Hafen** 17 (um 1425) vorbei, bis man schließlich auf die Kanzleistraße mit dem **Neuen Rathaus** 18 trifft, das 1864 über und über mit Szenen der Stadtgeschichte freskiert wurde. Eine Oase im Trubel der Fußgängerzone und sommers Aufführungsort für Konzerte ist der reizvolle Innenhof, ein schöner Arkadenbau der Spätrenaissance.

Jan Hus, ein weidendes Ren und Erlebnisse rund ums Wasser

Weiter südlich befindet sich in einem schmalen Fachwerkhaus das **Hus-Museum** 19 (Hussenstr. 64, Okt.–April Di–So 10–12, 14–16, Mai–Sept. Di–So 10–17 Uhr). Man weiß inzwischen, dass Jan Hus hier nicht gewohnt hat, doch informieren interessante Dokumente über Leben und Werk des 1415 als Ketzer verbrannten böhmischen Reformators.

Das **Rosgartenmuseum** 20 (Rosgartenstr. 3–5) im früheren Zunfthaus der

Der Adler des Johannes – romanische Kupferscheibe in der Krypta des Münsters

Ein Meisterwerk frühgotischer Plastik ist das Heilige Grab in der Mauritius-Rotunde

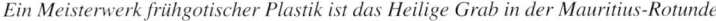

Hier ist stets was los – Straßencafés sorgen für eine angenehme Atmosphäre auf der Marktstätte von Konstanz

Metzger wurde 1871 gegründet. Das Haus wird bis 2003 grundlegend renoviert. Ältestes Exponat ist das ›Weidende Rentier‹ aus dem Kesslerloch (ca. 12 000 v. Chr.). Zu den Schätzen mittelalterlicher Kunst im getäfelten Zunftsaal des Obergeschosses gehören die reich illustrierte Richental-Chronik des Konzils von 1464 und die beeindruckende gotische Münstermadonna mit erhaltener farbiger Fassung.

Über die breite **Marktstätte** ㉑ mit dem *Kaiserbrunnen* von Gernot und Barbara Rumpf kommt man zum Bahnhof mit dem neugotischen Türmchen und dann in südöstlicher Richtung am Ufer entlang zum **Sea Life Centre** ㉒ (Hafenstr. 9, Juli–Sept. tgl. 10–19 Uhr, April–Juni 10–18 Uhr, Nov.–März tgl. 10–16 Uhr). In diesem Großaquarium bieten 30 Süß- und Salzwasserbecken, ein Unterwassertunnel, Multimedia-Bereiche und ein ›Streichelzoo‹ hautnahes Erleben von kleinsten Wasserlebewesen bis hin zu Haien und Walen. Es lohnt sich auch, hier das 1999 neu eröffnete **Bodensee-Naturmuseum** zu besuchen, das Entstehung und Lebensraum des Bodensees anschaulich präsentiert.

Villen, Bäder, Frühgeschichte

Hochherrschaftliche Villen des Historismus säumen jenseits der Rheinbrücke die **Seestraße** 🄬. Diese platanenbestandene Promenade gewährt Panoramablicke auf Konstanz und führt am *Casino* vorbei (tgl. 14–2 Uhr). Noch weiter östlich, vorbei am Jachthafen, liegen an der Landspitze zwei schöne **Freibäder** 🄬: das *Seestrandbad Horn* mit Liegewiesen (auch FKK-Strand) und alten Bäumen ist das größte am Bodensee, das *Freizeitbad Jakob* lockt mit einem 33 Grad warmen Thermalwasserbecken.

Wer sich für Frühgeschichte interessiert, sollte unbedingt die Außenstelle des **Archäologischen Landesmuseums Baden-Württemberg** 🄬 (Benediktinerplatz 5, Di–So 10–18 Uhr) besuchen. Spannend und didaktisch hervorragend aufbereitet wird im ehem. Konventbau des Klosters Peterhausen ein Überblick über die Landesarchäologie gegeben – von den Pfahlbauten bis zum mittelalterlichen Alltagsleben. In der neuen Schifffahrtsabteilung kann man das älteste Schiff vom Bodensee bewundern.

Im Grünen studieren und wohnen

Auf dem aussichtsreichen Gießberg fügt sich die neu gebaute **Universität** 🄬 (Langhardstr., Mo–Do 8–16, Fr 8–14 Uhr, Tel. 88 35 97), ein Gebirge aus Beton, Stahl und Glas, einigermaßen gut in die Landschaft ein. Den Porsche aus Stein schuf der Bildhauer Gottfried Bechtold. Der Botanische Garten der Universität ist ein ganz spezielles Biotop: Man erforscht mehrere Hundert europäische Ackerunkräuter.

Als Standquartier für einen Urlaub empfehlen sich Konstanz' ruhigere Vororte im Grünen, die teilweise noch ihren dörflichen Charakter bewahrt haben. **Litzelstetten**, 5 km nordwestlich am Überlinger See gelegen, ist Luftkurort und nobles Wohnviertel. Das frühere Fischerdorf **Dingelsdorf** erfreut durch einen hübschen Ortskern mit Fachwerk-

Stufenhocker an der Uni – Studenten haben die einst behäbige Stadt spürbar verändert

Schwarz beschopft – der Hauben-taucher gehört zu den Bewohnern des Wollmatinger Rieds

Durch meterhohes Schilf

 Das **Wollmatinger Ried**, *das bedeutendste Naturschutzge-biet am Bodensee, kann aus Rücksicht auf die seltene Tier- und Pflanzenwelt nur bei Führungen durch die Reservatsbetreuer begangen werden – ein eindrucksvolles Erlebnis, bei dem man viel Wissenswertes über die Tiere und Pflanzen, die Bedeutung und Gefährdung sowie die umfangreichen Schutzbemühungen erfährt. Neben farbenprächtigen Kolbenenten, heimlichen* **Schwarzhalstauchern***, der laut schmetternden* **Nachtigall** *und bizarren* **Orchideen** *sind aber auch Mücken Bewohner des Rieds – Insektenschutzmittel sind daher angeraten. Unverzichtbar auf den häufig überschwemmten, schmalen Wegen ist gutes Schuhwerk, am besten Gummistiefel. Für Kurzbesucher empfiehlt sich eine Besichtigung der farbenprächtigen* **Ausstellung** *des Naturschutzzentrums oder ein Besuch der* **Multimedia-Show***.*

Information: *NABU-Naturschutzzentrum Wollmatinger Ried, im ehem. Bahnhof Reichenau, Tel. 07531/78870*

häusern aus dem 17. Jh. Vom Friedhof der Pfarrkirche St. Nikolaus bietet sich ein weiter Blick über den Überlinger See, an dem auch **Wallhausen** mit seinem großen Sporthafen liegt – beliebtes Ziel aller Wassersportler. **Dettingen**, oberhalb in den Wäldern des Bodanrück gelegen, ist ein guter Ausgangspunkt für viele Wanderungen.

Praktische Hinweise

Tel.-Vorwahl Konstanz: 0 75 31
Information: Tourist-Information, Bahnhofplatz 13, Tel. 13 30 30, Fax 13 30 60, Internet: www.konstanz.de

Hotels

***Steigenberger Inselhotel**, Auf der Insel 1, Tel. 12 50, Fax 2 64 02, Internet: www.konstanz.steigenberger.de. Im umgebauten Kloster kann man sich nicht nur am guten Standard, sondern auch an dem gotischen Kreuzgang erfreuen.

****Barbarossa**, Obermarkt 8, Tel. 12 89 90, Fax 12 89 97 00, Internet: www.barbarossa-hotel.com. Gutbürgerlich, mitten in der Stadt und mit Tradition – im Restaurant sollen schon die Konzilsgäste getafelt haben.

***Barleben am See**, Seestr. 15, Tel. 5 00 74, Fax 6 69 73, Internet: www.hotel-barleben.de. Ruhiges Garni in einer kleinen Villa mit direktem Seezugang.

Restaurants

Gasthaus zum Rössle, Radolfzeller Str. 19 a, Tel. 9 26 00. Landgasthaus der feineren Art. Mi geschl.

Niederburg Franz Fritz, Niederburggasse 7, Tel. 2 13 67. Traditionelle Weinstube mit mehr als hundert Weinen, nur Nichtraucher, Öffnungszeiten wechseln.

Pinocchio, Spanierstr. 1, Tel. 91 76 22. Nobelitaliener, hausgemachte Pasta.

Schwarze Katz, Katzgasse 8, Tel. 2 29 10. Weinstube, Biergarten und am Samstag Tanz. So geschl.

Seehotel Siber, Seestr. 25, Tel. 6 30 44, Fax 6 48 13. In der weißen Jugendstilvilla speist man wie Gott in Frankreich.

Staader Fährhaus, Fischerstr. 30, Tel. 3 31 18. Neben der Fähre kann man heimischen Wein und Fisch mit Seeblick genießen.

Die Insel Mainau – ganzjährig geöffneter Garten Eden

 2 Insel Mainau

Südliche Blütenträume im Überlinger See.

Aus allen Richtungen landen die Schiffe, Busse über Busse fahren an, der Parkplatz auf dem Festland ist oft überfüllt. Will man die 45 ha große **Blumeninsel** (tgl. 7–20, Ende Okt.–Ende März 9–18 Uhr) mit ihrer subtropischen Vegetation ohne Rummel erleben, sollte man zeitig aufstehen – in der Frühe eines Sommermorgens kann man das Paradies kurze Zeit für sich haben.

Geschichte Zunächst römischer Militär-Stützpunkt, dann Rittersitz, kam die Insel im 9.Jh. zum Kloster Reichenau, bis der Deutschherrenorden 1272 hier eine Kommende einrichtete. Während des Dreißigjährigen Krieges verwüsteten die Schweden die Insel, die im 18. Jh. unter dem Komtur Reinhard Ignaz Franz Freiherr von Schönau ihre barocken Prachtbauten erhielt. 1827 kaufte Fürst Nikolaus Esterhazy-Galantha die Mainau für 65000 Gulden und begann mit der Anpflanzung wertvoller Bäume. Dann wechselten die Besitzer, bis Großherzog Friedrich I. von Baden ab 1853 Insel und Schlosspark neu gestalten ließ. Bis 1923 war die Mainau Witwensitz der Großherzogin Luise von Baden, einer Tochter

Kaiser Wilhelms I. Über die Schwester des Großherzogs, Königin Victoria von Schweden, kam die Mainau an das schwedische Königshaus und damit 1932 an den heutigen Besitzer, Graf Lennart Bernadotte. Mit jährlich mehr als 2 Mio. Besuchern ist sie eine der Hauptattraktionen am Bodensee.

Besichtigung An der Brücke erinnert das viel fotografierte Schwedenkreuz an die schwedische Besetzung 1647. Von hier fährt das Inselbähnchen zur Schwedenschenke. Schöner ist es, geradeaus

Blumenbunte Entenschar auf der Mainau

Ein herbstliches Feuerwerk der Farben – im Dahlien-Meer verlieren sich die Besucher

durch die Metasequoia-Allee zu spazieren, zum Kräutergarten und zum Arboretum mit seinen über 100 Jahre alten, zum Teil riesigen Bäumen, wo man auf der hoch gelegenen Großherzog-Friedrich-Terrasse einen fantastischen Alpenblick hat. Am Weg liegen das Schmetterlingshaus mit tosendem Wasserfall und das Orchideenhaus. Hier kann man auch den Energiepavillon besuchen, der die neuartige ökologische Biogas-Anlage vorstellt.

Der ebenso schöne Weg rechts führt am Kinderspielplatz vorbei zu den **Blumenfiguren** und zum Tiergehege, den Wildrosenweg entlang, über dem noch ein Wachturm des 16. Jh. steht, zur italienischen Wassertreppe und zum Rosengarten.

Am südöstlichen Ende der Insel liegt die von Giovanni Gaspare Bagnato 1732–39 erbaute **Schlosskirche**, die mit großartigen Altären und einer Kanzel von Joseph Anton Feuchtmayer sowie Fresken von Franz Joseph Spiegler ausgestattet ist. Der Architekt starb 1757 auf der Mainau und ist in der Krypta der Kirche beigesetzt.

Das dreiflügelige **Schloss**, um einen Ehrenhof und mit einem seitlichen Terrassengarten angelegt, schuf ebenfalls Bagnato 1739–46. Am Mittelrisalit prangt das riesige Deutschordenswappen. Im Schloss finden während des Sommers regelmäßig Ausstellungen, dazu im Weißen Saal Konzerte statt.

Die Hauptattraktion der Mainau ist ihre zauberhafte **Blütenpracht**. Das *Frühjahr* wird eröffnet mit einer Schau wertvoller Orchideen im Palmenhaus. Es folgt das Feuerwerk der Tulpenblüte, über 500 verschiedene Zwiebelpflanzen prunken in ornamentalen Blumenbeeten. Ab *Mai* blühen die mehr als 200 Rhododendren und Azaleen; es beginnt die Zeit der Rosen, für die die Mainau berühmt ist – mehr als 1200 Sorten, einige 500 Jahre alt, gedeihen hier. Die bunte Fülle der Sommerblumen begeistert jedes Gärtnerherz, im *Juli* zeigen sich die exotischen Pflanzen wie Bananenstauden, Palmen, Orangen- und Zitronenbäume von ihrer besten Seite. Ab *September* beginnt das herbstliche Leuchten der Dahlien und Astern, während die Gärtner Heidekraut und Zierkohl anpflanzen.

Praktische Hinweise

Tel.-Vorwahl Insel Mainau: 0 75 31
Besucherinformation: Tel. 30 30,
Fax 30 32 48, Internet: www.mainau.de

Vorverkauf für Konzerte und Veranstaltungen Tel. 30 31 06, Fax 30 31 14

Restaurants

Comturey-Keller. In historischen Gewölben beim Schloss, auch mit Selbstbedienungsrestaurant.

Schwedenschenke. Das Lokal serviert guten Fisch. Wer hier abends speist, hat freien Eintritt auf die Insel.

Weitere Einkehrmöglichkeiten bieten ein Café nahe der Brücke sowie ein Bistro beim Schmetterlingshaus. Vorbestellung jeweils unter Tel. 30 31 56.

3 Allensbach

Wo die Meinung der Deutschen erforscht wird.

Allensbach, ein uralter Fährhafen, rühmt sich heute seiner romantischen Sonnenuntergänge und vielfältiger Wandermöglichkeiten. Sommerliche Attraktionen sind das **Gnadensee-Schwimmen**, wenn bis zu 450 Teilnehmer (jeder kann mitmachen) die 1,8 km von der Insel Reichenau zum Allensbacher Strandbad schwimmen. Anfang Juli folgt das Seetorfest mit einer **Wasserprozession** zur Insel Reichenau.

Die spätgotische **Pfarrkirche** mit Zwiebelturm, wie viele Kirchen am See dem hl. Nikolaus als Fürbitter in Seenot geweiht, wurde 1732 barockisiert und besitzt hübsche Rokoko-Seitenaltäre.

Den Bekanntheitsgrad von Allensbach gefördert hat das **Institut für Demoskopie** (Radolfzeller Str. 8). 1947 von der Berlinerin Elisabeth Noelle-Neumann eher zufällig am Bodensee gegründet, spielte es eine wichtige Rolle bei der Verbreitung der Demoskopie und ist heute nicht mehr aus dem politischen Leben in Deutschland wegzudenken.

Beliebtes Ziel nordwestlich von Allensbach ist der **Wild- & Freizeitpark** (tgl. Mai–Sept. tgl. 9–18 Uhr, Okt.–April 10–17 Uhr). In dem 75 ha großen Gelände leben einheimische Wild- und Haustierarten in großen Freigehegen. Tafeln an den Spazierwegen erklären Flora und Fauna, es gibt einen Abenteuerspielplatz samt Riesenrutschbahn.

Auf Schusters Rappen: Schlösser, Naturdenkmäler und schöne Aussichten

Hügelan führt eine schöne Wanderung über Kaltbrunn und weiter, mit wechselnden Ausblicken auf Gnadensee und Überlinger See, zum **Schloss Freudental**, *das rosarot mit elegant geschwungenen Giebeln auf steilem Hügel liegt. Im Bauernkrieg zerstört, wurde das Schloss 1699 in prächtigem Barock wieder aufgebaut und ist heute Schulungszentrum des Humboldt-Instituts. Man kann hier zudem mit bester Aussicht komfortabel wohnen (Tel. 0 75 33/40 04, Fax 40 03). Das nahe* **Schloss Langenrain** *(1686) bezaubert durch seine Lage hoch auf dem nördlichen Bodanrück.*

Der Weg hinunter zum Überlinger See führt zum Hofgut Kargegg (Golfplatz). Am Parkplatz beginnt der verwunschene Weg zur **Marienschlucht**. *Es geht vorbei an der überwucherten Burgruine Kargegg und dann abwärts in die etwa 100 m lange, an manchen Stellen nur 1 m breite Felsspalte mit 65 m hohen Wänden. Das bizarr-romantische Naturdenkmal entstand durch jahrtausendelange Erosion im Molassefels. Die Marienschlucht ist im Sommer auch mit dem Schiff von Bodman oder Sipplingen aus zu erreichen.*

Am Überlinger See angekommen, kann man entweder zu Fuß zurück oder auf dem Bodensee-Wanderweg weiter nach Konstanz laufen. Kurz vor Wallhausen, vor allem bei Niedrigwasser gut zu sehen, liegt der **Teufelsstich**. *Die lange Felsnadel ist eine Fortsetzung des Ufersteilhangs unter Wasser, dessen Farbe von Hellgrün bis zum tiefsten Schwarz wechselt.*

Von hier ist es nicht weit zum lauschigen verlandeten **Mindelsee**, in der Eiszeit entstanden und jetzt als geschütztes Feuchtbiotop Brutstätte für viele Wasservögel. Auf den bunten Wiesen rund um den See wachsen Knabenkraut und andere seltene Pflanzen, aber am schönsten ist es, wenn die Seerosen blühen.

Wie ein grünes Band schiebt sich vor Allensbach die Reichenau in den Untersee

Praktische Hinweise

Tel.-Vorwahl Allensbach: 0 75 33
Information: Kultur- und Verkehrsamt,
Rathausplatz 2, Tel. 8 01 34, Fax 8 01 36,
Internet: www.allensbach.de

Hotel

**Kurhaus Hildegard, Strandweg 1,
Tel. 74 33, Fax 74 79. Gleich beim Seegarten gelegen, baubiologisch gesund,
mit Vollwertküche und Kurangeboten.

Restaurants

Gasthaus zu Möggingen, Liggeringer
Str. 7, Möggingen, Tel. 0 77 32/1 38 37,
Mi–Sa ab 17, So ab 11 Uhr. Man speist
gut im Fachwerkhaus gegenüber der Kirche und kann anschließend die Kunstga-
lerie Vayhinger im 1. Stock besuchen.

Landgasthaus Mindelsee, Gemein-
märk 7, Tel. 93 16 13. Direkt beim Wildpark mit schöner Terrasse.

Reichenau: Weltberühmt sind die ottoni- ▷
schen Wandmalereien von St. Georg.
Mönche schufen den Freskenzyklus mit
den Wundertaten Christi im späten 10. Jh.

4 Insel Reichenau

*Die Klosterinsel, einst Mittelpunkt des
Abendlandes und Wiege der karolingischen
Kunst, gehört zum Welterbe der UNESCO.*

Wie ein großes grünes Schiff scheint die
Reichenau im Untersee zu ankern. Sanf-
te Ufer spiegeln sich im Wasser, und zwischen Rebstöcken und Gemüsefeldern
erinnern drei bedeutende Kirchen an die
große klösterliche Tradition.

Geschichte Der hl. Pirmin gründete
724 auf der Insel eine Benediktinerabtei,
die durch ihre Schule, Schreibkunst und
Buchmalerei weit reichende Ausstrah-
lung bis ins 11. Jh. hinein hatte. 786 begann mit Abt Waldo, einem Vertrauten
Karls des Großen, und mit seinem Nach-
folger, dem weit gereisten Abt Heito, die
Blütezeit des Klosters. Rühmend berichtet Walahfrid Strabo (842–849), der wohl
bedeutendste Abt des Klosters, in einem
Brief an Papst Gregor IV. von der ›Reichen Au‹. Rund 20 Kirchen und Kapellen
gab es damals auf der Insel, die Bibliothek besaß mehr als 400 Bände. Walahfrid Strabo, der ›Schielende‹, war Zög-
ling der berühmten Klosterschule und ein
wichtiger Autor seiner Zeit. Noch heute
lebendig ist sein allegorisches Gartenge-
dicht ›Hortulus‹, in dem er die Pflanzen
des Klostergartens besingt, den man jetzt
in Mittelzell wieder angelegt hat.

Die deutschen Kaiser förderten das
einflussreiche Kloster. **Abt Heito III.**
(888–913) besaß als Erzkanzler des Ka-
rolingerreiches und Erzbischof von
Mainz große politische Macht. Von seiner
Reise nach Rom zur Kaiserkrönung König Arnulfs brachte er das Haupt des hl.
Georg mit, die kostbare Reliquie gab den
Anlass zum Bau der Kirche in Oberzell.

Der Ruhm des Inselklosters erreichte
einen Höhepunkt mit der Reichenauer
Buchmalerei, der wir Prachtwerke wie
das Evangeliar Ottos III. verdanken. Die
Wandmalerei förderte **Abt Witigowo**
(985–997), den die Mönche jedoch ab-
wählten, weil er zu viel Geld für Kunst
ausgab! Anfang des 11. Jh. wirkte unter Abt Berno (1000–1048) **Hermann
der Lahme**, ein bedeutender Astronom,
Dichter, Musiker, Mathematiker und His-
toriker von Rang, der in seiner Chronik
erstmals die Zeitrechnung ›vor‹ und
›nach Christus‹ einführte.

Bereits Ende des 11. Jh. zeichnete sich
der Niedergang des Klosters ab. 1540
wurde die Reichenau dem Bistum Konstanz unterstellt; was vom Kloster blieb,
wurde 1803 säkularisiert.

Freundlich dargeboten wird das frisch geerntete Reichenauer Gemüse

Besichtigung Man kann mit der Fähre von Allensbach übersetzen oder zwischen Schilf und Pappeln über den kleinen Deich fahren, der erst Mitte des 19. Jh. aufgeschüttet wurde. Den Besucher empfangen zunächst Glashäuser (übrigens mit modernster Technik ausgestattet) und plastikbedeckte Felder – die vom Klima begünstigte Reichenau ist für ihr gutes Frühgemüse berühmt.

Oberzell – Kleinod uralter Malereien

Wehrhaft auf einer kleinen Anhöhe an der Ostspitze der Insel ruhend, begrüßt **St. Georg** die Reisenden. Die Kirche in Oberzell wurde 890–896

unter Abt Heito errichtet und später mehrfach umgestaltet. Wie festgewachsen steht der Bau in seinen klaren kubischen Formen; eine querschifflose dreischiffige Säulenbasilika mit Westapsis (um 1000), Vorhalle (11. Jh.) und rechteckigem Chor im Osten. Wohl einmalig sind die **Wandmalereien**, die 1880 unter dem Putz entdeckt wurden. Der Zyklus entstand um das Jahr 1000 und erzählt von den Wundertaten Christi. Die Bilder sind eingefasst von einem durchlaufenden dekorativen Mäanderband – dreischichtig, mit Schatten und schrägperspektivisch. Die Bogenzwickel über den Säulen tragen Medaillons mit Äbten, während oben zwischen den Fenstern Apostel ganzfigurig dargestellt sind. Die je vier großen Bilder (etwa 4,20 ×2,30 m) an den Hochschiffwänden sind prachtvolle Meisterwerke ottonischer Malerei. Sie zeigen an der **Nordwand** von West nach Ost die ›Heilung des Besessenen‹ (mit interessanter Architekturdarstellung der römischen Stadt Gerasa, heute Jordanien), die ›Heilung des Wassersüchtigen‹, den ›Sturm auf dem See Genezareth‹ (das eigenwillig geformte und wohl nicht sehr seetüchtige Schiff ist ein typisches Motiv in der Reichenauer Buchmalerei) und die ›Heilung des Blindgeborenen‹. Die **Südwand** prunkt von Ost nach West mit der ›Heilung des Aussätzigen‹, der ›Erweckung des Jünglings von Nain‹, der ›Erweckung der Tochter des Jaïrus‹ und der ›Erweckung des Lazarus‹. Die Bilder illustrieren Perikopen (die bei der Messe gelesenen Evangelientexte) und haben

Die Schatzkammer des Münsters in Mittelzell bewahrt erlesene Reliquienschreine, darunter auch diesen kostbaren aus Burgund (um 1000)

Blumenumrankt – das romanische Münster St. Maria und Markus in Mittelzell

am unteren Rand lateinische Titel. Die Komposition folgt der antiken Bildtradition: Der gute Held, hier also Christus mit seinen Jüngern, tritt immer von links auf. Die älteste Darstellung des ›Jüngsten Gerichts‹ nördlich der Alpen (um 1200) findet sich an der Wand der Westapsis. Sehr originell ist schließlich am nördlichen Choraufgang das ›Frauengeschwätz‹, das auf keine Kuhhaut geht (14. Jh.).

Mittelzell – das Zentrum der Insel

Mittelzell ist das kleine Zentrum der nur 4,5 km langen und 1,5 km breiten Insel. Am Ergat, dem Dorfplatz, befindet sich das **Heimatmuseum** (Mai–Sept. Di–So 15–17 Uhr) in einem Fachwerkhaus aus dem 15. Jh. Von hier ist es nicht weit zum Münster **St. Maria und Markus**, einer ursprünglich aus dem 8. Jh. stammenden, in der heutigen Form im 11. Jh. erbauten romanischen Basilika mit zwei Querschiffen und hohem gotischen Chor aus dem 15. Jh. Der massive Westbau, 1048 geweiht, lässt die frühere Macht des Klosters ahnen. Der südlich anschließende Klosterhof wurde in den letzten Jahren nach Vorlagen des 18. Jh. renoviert. Das Innere besticht durch monumentale romanische Schlichtheit. In den Westturm wölbt sich die Apsis mit der Kaiserloge, auf der die Markus-Reli-

quie zur Schau gestellt wurde. Eindrucksvoll ist die kühne Konstruktion des **offenen Dachstuhls**, der in den 1960er-Jahren renoviert wurde – das Eichenholz stammt noch aus dem 13. Jh.

Ein barockes Gitter trennt den hohen gotischen Chor ab. Man kann ihn lediglich zur Besichtigung der **Schatzkammer** (Mai–Sept. Mo–Sa 11–12, 15–16 Uhr) betreten, Prunkstücke sind darin neben Goldschmiedearbeiten die wertvollen Reliquienschreine.

Niederzell – die Dritte im Bunde

In Niederzell liegt die Stiftskirche **St. Peter und Paul** nah am Ufer, eine dreischiffige Säulenbasilika, die im 11. Jh. über dem Vorgängerbau des 8. Jh. errichtet wurde. Die Türme der Ostfassade erhielten erst im 15. Jh. ihre spitzen roten Hauben. Bei der barocken Umgestaltung des romanischen Baus im 18. Jh. wurden auch die Fenster vergrößert. Als die Kirche 1900 renoviert wurde, entdeckte man **Fresken** in der Mittelapsis. Leider nicht sehr gut erhalten, lassen sie dennoch Glanz und Macht frommer mittelalterlicher Kunst erahnen: In der Mitte thront überlebensgroß der segnende Christus im weißen Gewand mit rotem Mantel auf einem Regenbogen in der gelb und rot gerahmten Mandorla vor blauem Sternenhimmel, umgeben von

Propheten, Apostel und darüber die ›Majestas Domini‹ zieren die Mittelapsis der Stiftskirche in Niederzell

Engeln und den Symbolen der vier Evangelisten. In der Sockelszene unter dieser ›Majes-tas Domini‹ stehen Propheten und Apostel in zwei Arkadenreihen. Man nimmt an, dass die Malereien aus dem frühen 12. Jh. mit glänzenden Glaspasten verziert waren.

Im Nordosten der Insel ist es ruhig und beschaulich. Neben der Kirche steht behäbig das barocke Pfarrhaus und an der Spitze der Insel liegt **Schloss Windegg**, ›s'Bürgle‹, in dem Papst Martin V. nach der Wahl in Konstanz geweilt haben soll. Es wurde im 17. Jh. umgebaut und ist heute Ferienheim. Am besten erkundet man die Reichenau per Fahrrad oder zu Fuß. Die Steigung zum **Hochwart**, mit 439 m die höchste Erhebung der Insel, ist leicht zu bewältigen und wird mit einem schönen Rundblick belohnt. Ein Stück des Weges ist gleichzeitig **Weinlehr-pfad**. Das alte Weinberghäuschen beherbergt eine Keramikwerkstatt.

Tel.-Vorwahl Reichenau: 0 75 34
Information: Verkehrsbüro, Pirminstr. 145, Mittelzell, Tel. 9 20 70, Fax 92 07 77, Internet: www.reichenau.de

Hotel

TOP TIPP ****Strandhotel Löchnerhaus**, Schiffslände 12, Tel. 80 30, Fax 5 82. An der Südseite der Insel, mit eigenem Strand und Bootssteg.

Restaurant

Küferstüble, Spiegelberg 17, Tel. 5 55, So–Do ab 18 Uhr. Gemütliche Einkehr zu Vesper und Reichenauer Wein.

5 Öhningen, Kattenhorn und Wangen

Stille Waldwege und Badefreuden.

Höri, offiziell auch Schiener Berg, heißt die kleine waldreiche Halbinsel, die sich noch einige unberührtere Fleckchen bewahrt hat. Die volkstümliche Erklärung des Namens Höri berichtet vom lieben Gott, der, natürlich ein Schwabe, zufrieden mit dem letzten Werk seiner Schöpfung, eben der Höri, »jetzt höri auf« gesagt haben soll.

Malerisch am Hang liegt das 965 gegründete Augustiner-Chorherrenstift **Öhningen**. Aus dieser frühen Zeit ist jedoch nichts mehr erhalten; der große, schlossartige Komplex wurde Anfang des 17. Jh. unter dem Konstanzer Fürstbischof Jakob Fugger erbaut. Neben der früheren barocken *Stiftskirche* ist vor allem der schöne *Konventsaal* im Pfarrhaus einen Besuch wert.

Aussichtsreiche Wanderwege führen auf den 708 m hohen Schiener Berg. In eine Talmulde kuschelt sich hier die **Wallfahrtskirche Schienen**, dem hl. Genesius geweiht und aus dem 11. Jh. stammend. Die ergreifend schlichte, romanische Basilika mit flacher Holzdecke wurde gut renoviert. Verloren gegangen ist die alte Ausstattung im Bildersturm der Reformationszeit – bis auf die Gnadenmadonna, die wundersamerweise nach einem Diebstahl wieder auftauchte.

Durch das Ried am Untersee führt der Weg nach **Kattenhorn**, das direkt am Wasser liegt. Ans Ufer allerdings kommt man kaum. Der kleine Ort hat weitaus mehr Zweitwohnungsbesitzer als Einwohner. ›Kattenhorner Schweigen‹ nannte denn auch der bis 1983 hier ansässige Schriftsteller Werner Dürrson seinen Gedichtband, der, für Lyrik ungewöhnlich, heftige politische Diskussionen auslöste. Den Besucher der hiesigen evangelischen *Petruskirche* erwarten Glasfenster von Otto Dix [s. S. 35].

In **Wangen** entdeckte der Bauer Kaspar Löhle 1856 Reste jungsteinzeitlicher Pfahlbauten – es war der Beginn der Pfahlbauforschung am Bodensee. Die Funde, wie auch Versteinerungen der Öhninger Steinbrüche, sind in einem malerischen Fachwerkbau, dem Heimatmuseum *Fischerhaus* (Ostern–Okt. So/Fei 14.30–17.30 Uhr), ausgestellt. Wangen bietet zudem ein schönes Strandbad mit baumbestandenen Liegewiesen am gemächlich strömenden Rhein, der hier noch Untersee heißt. An der Strandpromenade erinnert ein *Gedenkstein* an die von den Nazis zerstörte Synagoge. Im 19. Jh. gab es in Wangen eine große jüdische Gemeinde, zu der auch die Familien von Albert Einstein und des Schriftstellers Jacob Picard gehörten.

Ein Hamburger auf Wohnungssuche

Das Lied von ›**Lili Marleen**‹ *ist weltweit bekannt, doch andere Werke von* **Hans Leip** *sind mittlerweile fast vergessen. In den Nachkriegsjahren hatte es den Autor nach* **Wangen** *am Untersee verschlagen. Als er sich auf die Suche nach einer eigenen Behausung machte, um sein Buch über den Golfstrom zu vollenden, musste er erfahren, dass Schriftsteller nicht gern gesehen waren: »Wissens, da haben wir mal einen hier gehabt... Hermann Hesse. Wissens, was von dem die Leut hier gesagt haben?* **Söll Nixtuer!** *Und Steuern warf der auch nicht ab.« Als Hans Leip wenig später an einem abgelegenen Örtchen »statt der üblichen Rolle ein sparsames Bündel handlich zugeschnittenen Zeitungspapiers, leicht vergilbt« studierte, entdeckte er eine Anzeige für eine Wohnung in* **Fruthwilen**. *Das halb verfallene, zweistöckige Fachwerkhaus erwies sich als Glücksfall. Später baute sich Hans Leip ein eigenes Klinkerhaus auf der Hub und lebte bis zu seinem Tod 1983 in Fruthwilen – obwohl es am Bodensee eigentlich viel zu schön zum Arbeiten war.*

Praktische Hinweise

Tel.-Vorwahl Öhningen, Kattenhorn, Wangen: 0 77 35
Information: Tourist-Information, Rathaus, Klosterplatz 1, Öhningen Tel. 8 19 20, Fax 8 19 30, Internet: www.oehningen.de

Hotels

****Residenz am See**, Seeweg 2, Wangen, Tel. 9 30 00, Fax 93 00 20, Internet: www.residenz-am-see.de. Neben der Schiffslände, gepflegtes Hotel und Restaurant, mit Badesteg.

Original erhalten – das Atelier des Malers Otto Dix in Hemmenhofen

*Gasthof-Pension Auer, am Ortsende von Wangen Richtung Kattenhorn, Tel. 9 31 90, Fax 93 19 19. Mit eigenem Strand und schöner Aussicht auf das Schweizer Ufer, nettes Restaurant mit Fischspezialitäten.

Restaurants

Gasthof Falconera, Zum Mühlental 1, Schienen, Tel. 23 40. Landgasthaus in altem Fachwerkbau, mit italienischem Einschlag.

Landgasthof Zum Sternen, Bankholzen, Tel. 0 77 32/24 22. Gemütliche Wirtschaft, auch bei Einheimischen beliebt.

Zur Schiffslände, Wangen, Tel. 6 84. Originelle kleine Wirtschaft gegenüber vom Hotel ›Residenz am See‹.

6 Gaienhofen, Hemmenhofen und Horn

Am Ufer der Dichter und Maler.

Der Untersee mit seine freundlichen Ufern, dem Wald und den Wiesen zog seit der Jahrhundertwende viele Künstler an, darunter auch Hermann Hesse. **Gaienhofens** Dorfplatz gehört zu den idyllischsten Plätzen am Untersee. Um die Dorflinde gruppieren sich die schlichte Mauritiuskapelle, die Mosterei, das frühere Rat- und Schulhaus und das mit seinen blau und violett gestrichenen Holzbalken auffallende Fachwerkhaus, in dem Hermann Hesse 1904–07 lebte,

bevor er sein eigenes Haus am Erlenlohweg baute. In diesem »lustigen Bauernhaus«, an dessen Decke sich schon Stefan Zweig den Kopf gestoßen hat, als er den Schriftstellerkollegen besuchte, wurde das *Hermann-Hesse-Haus* eingerichtet. Man findet hier Hesses Arbeitszimmer, Briefe, Postkarten und viele persönliche Gegenstände. Im benachbarten **Höri-Museum** (Kapellenstr. 8, Di–Sa 14–17, So 11–17, Mitte Okt.–März Fr / Sa 14–16, So 11–16 Uhr) sind im Erdgeschoss Bilder von ›Höri-Malern‹ wie Erich Heckel, Max Ackermann und Otto Dix ausgestellt. Viele als ›entartet‹ geltende Künstler hatten nämlich in den 1930er-Jahren hier, nahe der Schweizer Grenze, Zuflucht gefunden. Im 1. Stock wird eine interessante Dokumentation über Hermann Hesses Werk präsentiert. Zu sehen ist seine Schreibmaschine, eine heute schon archaisch wirkende ›Smith Premier No. 4‹, und man lernt Hesse auch als Mitglied im Turnverein oder in seinem knallig angestrichenen Kahn kennen. Als der Dichter nach Gaienhofen kam, war er gerade mit ›Peter Camenzind‹ berühmt geworden. Dieser Roman ist Ludwig Finckh gewidmet, welcher Hermann Hesse 1905 nach Gaienhofen gefolgt war. Der Arzt und Schriftsteller war mit dem ›Rosendoktor‹ ein populärer Autor seiner Zeit. – Es lohnt sich, an einer der literarischen Wanderungen teilzu-

Pfahlbauten – Relikte der Steinzeit

Am Ufer von **Hornstaad** *wurden große jungsteinzeitliche Pfahlbauten entdeckt, die seit 1979 erforscht werden, meist im Winter bei Niedrigwasser. Viel ist also für den Besucher hier nicht zu sehen. Die* **Funde** *– Holz, Keramik, Feuersteinbohrer, Röhrenperlen – sind in den regionalen Museen ausgestellt. Die Häuser standen vor rund 6000 Jahren auf 2–4 m tief eingerammten Pfählen und waren aus Holz und Lehm erbaut. Mit Hilfe von Pollendiagrammen, bei denen der Blütenstaub unter dem Mikroskop gezählt wird, konnten 150* **Pflanzenarten** *nachgewiesen und wichtige Erkenntnisse zur Vegetationsentwicklung wie zur Ernährung und Lebensweise der frühen Siedler am Horn gewonnen werden.*

Ländliches Idyll am Dorfplatz von Gaienhofen – in diesem Bauernhof, Hermann Hesses Wohnhaus, erinnert heute ein Museum an den Dichter

nehmen, die die *Dorfwerkstatt* veranstaltet. – Das Dachgeschoss des Museums ist den jungsteinzeitlichen Pfahlbaufunden der Region gewidmet.

Stromabwärts liegt **Hemmenhofen**, unter dessen Fachwerkhäusern die Zehntscheuer mit ihrer Torkel auffällt. Otto Dix wählte den ruhigen, kleinen Ort 1936 als Refugium und baute sich, dank einer Erbschaft seiner Frau, ein Haus am Hang, das nun als **Otto-Dix-Haus** (Otto-Dix-Weg 6, Ostern–Okt. Mi–Sa 14–17, So 11–18 Uhr) zum Museum geworden ist. Den Weg zum Haus weist ein Brunnen von Peter Lenk. Vor allem im Atelier mit dem großen Ostfenster im 1. Stock, in dem noch die Malutensilien und auf der Staffelei ein Hemmenhofener Landschaftsbild stehen, bekommt man einen authentischen Eindruck von diesem lange unterschätzten Künstler.

Auf der Landseite von den bewaldeten Hängen des Schiener Bergs begleitet, weitet sich der See. Bei **Horn**, an der Spitze der Halbinsel, treffen Untersee und Zeller See zusammen. Weithin sichtbar thront auf einer Anhöhe die spätgotische Kirche *St. Johannes und Veit*, ihr Treppengiebelturm wurde zum Wahrzeichen der Höri. Das Innere birgt zwei Altartafeln (um 1500), wohl von einem oberrheinischen Künstler in Konstanz geschaffen, auf denen ›Verkündigung‹, ›Anbetung‹ und Heilige dargestellt sind. Vom Friedhof neben der Kirche genießt man eine wunderschöne Aussicht.

Praktische Hinweise

Tel.-Vorwahl Gaienhofen, Hemmenhofen, Horn: 0 77 35
Information: Kultur- und Gästebüro, Im Kohlgarten 1, Tel. 8 18 23, Fax 8 18 18, Internet: www.gaienhofen.de

Hotels

****Seehotel Höri**, Uferstr. 20, Hemmenhofen, Tel. 81 10, Fax 81 12 22, Internet: www.seehotelhoeri.de. Großes Haus mit allem Komfort, Schwimmbad und Beauty-Farm-Angeboten.

***Gasthof Hirschen**, Kirchgasse 1, Horn, Tel. 9 33 80, Fax 93 38 59. Gemütliches Haus mit Gartenterrasse, eigener Badestrand.

Restaurant

See-Restaurant Schlössli, Hornstaader Str. 43, Horn, Tel. 20 41. Einst eine kleine Wasserburg mit Treppenturm der Konstanzer Vögte am Ufer von Horn, wegen des paradiesischen Gartens direkt am Wasser ein beliebtes Ausflugsziel.

7 Radolfzell

Trimmen im Schilf.

Am verschilften Ende des Markelfinger Winkels schiebt sich eine Landzunge in den Gnadensee – die flache Halbinsel Mettnau. Im Inneren der Bucht liegt Radolfzell mit dem schon von weitem sichtbaren Münsterturm.

Schmuckstück im südlichen Seitenschiff des Radolfzeller Münsters ist der Rosenkranzaltar von 1632 aus der Werkstatt der Brüder Zürn

Geschichte Der Veroneser Bischof Ratold, wohl ein alemannischer Adliger, baute hier um 826 eine zur Reichenau gehörende Zelle. Der sich alsbald daraus entwickelnde Marktflecken erhielt 1267 die Stadtrechte. Um seine Schuden zu tilgen, verkaufte das Kloster Reichenau die Stadt 1298 an die Habsburger. Mit kurzer Unterbrechung (freie Reichsstadt 1415–55) blieb Radolfzell bis 1806 österreichisch. Eine Blüte begann mit dem Bau der Eisenbahn 1866 und der Industrialisierung. Die 27 000 Einwohner große Stadt zieht heute mit der Mettnau-Kur (Bewegungstherapie, Herz-Kreislauf-Training) viele Besucher an.

Besichtigung Über Ratolds Zelle entstand zwischen 1436 und 1466 das **Münster Unserer Lieben Frau**, das erst 1902 mit dem spitz behelmten Turm vollendet wurde. Die gotische Basilika ist in-

nen barock ausgestattet. Bemerkenswert ist der *Rosenkranzaltar* aus der Zürn-Werkstatt (1632) im südlichen Seitenschiff. Im nördlichen birgt der *Hausherrenaltar* (15. Jh.) mit dem Bild von Franz Joseph Spiegler (1750) den Schrein mit den Reliquien von Senesius und Theopontus, die einst Ratold hierher brachte, später kam noch das Haupt des hl. Zeno hinzu. Diese drei wurden zu den Patronen der Stadt, die alljährlich am dritten Julisonntag das ›**Hausherrenfest**‹ feiert, bei dem der Reliquienschrein durch die Altstadt getragen wird und Trachten- sowie Musikgruppen durch die Straßen ziehen. Bei der **Wasserprozession** am darauffolgenden Montag werden unzählige blumengeschmückte Boote von Moos aus über den See nach Radolfzell gerudert.

Den Marktplatz umstehen einige schöne Häuser mit Renaissance- und Barockfassaden. In der Nähe residiert die Stadt-

bücherei im giebelgeschmückten **Österreichischen Schlösschen**, 1626 für Erz-
herzog Leopold Wilhelm erbaut, das
Amtsgericht tagt im mächtigen **Reichs-
ritterschaftsgebäude** aus dem 17. Jh.
Prächtig ist die **Stadtapotheke** (1689)
nebenan mit ihrem achteckigen Erker. In
den kleinen Häusern des ›grienen Winkels‹ wohnten früher die Fischer. Von der
Stadtbefestigung sind der **Pulverturm**
und der **Höllenturm** erhalten, an den
sich eine beliebte Einkaufspassage an-
schließt.

Die **Halbinsel Mettnau** ist Naturschutzgebiet, wenn auch nach Radolfzell
hin etwas verbaut. Nah beim Kurzentrum
liegt das *Scheffelschlösschen*, in dem
der Schriftsteller Victor von Scheffel
(1826–1886) einige Jahre fast wie ein
Einsiedler lebte. Durch Wiesen und
Auenwald, dann am Ufer entlang, kommt
man in die von Schilf bedeckte Wildnis
an der Spitze der Halbinsel. Ausgangspunkt für Wanderungen im Naturschutzgebiet ist das *NABU Naturschutzzentrum*
(Floerickeweg 2 a, Auskünfte zu Führungen unter Tel. 1 50 70).

Ausflüge

Am anderen Ende der Bucht liegt das alte
Fischerdorf **Moos**, heute ein Zentrum des
Gemüseanbaus. Gute Rettiche gibt es,
und vor allem ›Bülle‹, wie hier die roten
Zwiebeln heißen. In allen Farben, Formen und Zubereitungen kann man Zwiebeln beim *Büllefest* am ersten Sonntag
im Oktober genießen.

Am verschilften Ufer entlang führt der
Wanderweg weiter nach **Iznang**. Im

Haus Nr. 98 des Dorfes wurde 1734
Franz Anton Mesmer, der Entdecker des
tierischen Magnetismus, geboren. Wegen
der wunderbaren Aussichten lohnt es
sich, weiter bis Horn zu wandern (von
Radolfzell hin und zurück 3 Std.).

Praktische Hinweise

Tel.-Vorwahl Radolfzell: 0 77 32
Information: Tourist-Information,
Rathaus, Tel. 8 15 00, Fax 8 15 10,
Internet: www.radolfzell.de

Mettnau-Kur, Strandbadstr. 80,
Tel. 15 10, 15 13 60

Hotels
** **ArtVilla**, Rebsteig 2/2, Tel. 9 44 40,
Fax 94 44 10, Internet: www.artvilla.de.
Freundliche Villa mit Kaminraum, Wein-
bar, Wellness-Angeboten und Garten mit
Liegewiese im Kurgebiet Mettnau.

** **Iris am See,** Rebsteig 2,
Tel. 9 47 00, Fax 94 70 30, Internet:
www.hotelirisamsee.de. Hotel Garni im
Kurgebiet Mettnau in ruhiger Lage im
Grünen mit Zimmern zur Seeseite.

* **Krone,** am Obertor, Tel. 48 04, Fax
5 79 36), Internet: www.k-k.de/krone.
Gediegenes Hotel in der Altstadt.

Restaurants
Gottfried, Böhringer Str. 1, Moos,
Tel. 9 24 20. Feinschmeckerlokal mit
raffinierter Fischküche.

Grüner Baum, Radolfzeller Str. 4,
Moos, Tel. 5 40 77. Hier isst man französisch und bodenständig.

Andächtig rudern – die Mooser Wasserprozession ist Teil des Radolfzeller Hausherrenfestes

Mettnau-Stube, Strandbadstr. 23, Radolfzell, Tel. 1 36 44. Die Küche bietet Fisch, aber auch Vollwertkost.

Strandcafé Mettnau, Strandbadstr. 102, Radolfzell, Tel. 16 50) Die schöne Seeterrasse ist beliebter Treff der Kurgäste.

8 Singen am Hohentwiel

Leichtmetall und Suppenwürze zu Füßen einer unbezwungenen Festung.

Schon von weitem sieht man den Hohentwiel 688 m in den Himmel ragen. ›Kegelspiel des Herrgotts‹ nennt der Volksmund die **Hegau-Landschaft** wegen der vielen eigenwillig geformten vulkanischen Felsen, die tatsächlich wie Kegel oder steile Zähne in der Landschaft stehen. Der harte Fels besteht aus grauem Phonolit, auch Klingstein genannt, die weicheren Formen aus Tuff, zu festem Stein verbackener vulkanischer Asche. Der Hohentwiel war ursprünglich ein großer Aschenvulkan, bei dessen letztem Ausbruch im Tertiär die glutflüssige Masse aus dem Erdinneren steckenblieb und zu einem Kegel erhärtete. Der Wein, der auf diesem vulkanischen Gestein wächst, hat eine ganz eigene Note.

Geschichte Das Gebiet um den Hohentwiel war schon in vorgeschichtlicher Zeit besiedelt. Im Schatten der im 10. Jh. erstmals nachgewiesenen Burg konnte sich der Ort aber nie richtig entwickeln, erst mit der Industrialisierung im 19. Jh. wurde Singen Stadt. 1887 ließen sich Maggi, 1912 die Aluminiumwerke, jetzt Alusuisse, nieder. Im Zweiten Weltkrieg fast völlig zerstört, ist Singen heute eine moderne Industriestadt und mit fast 50 000 Einwohnern die Metropole des Hegaus.

Besichtigung In einem barocken Schloss neben dem **Rathaus** – hier sind einige Gemälde von Otto Dix zu besichtigen – präsentiert das **Archäologische Hegau-Museum** (Am Schlossgarten 2, Di–Sa 14–18, So 14–17 Uhr) Schätze der Vor- und Frühgeschichte. Das **Kunst Museum** (Ekkehardstr. 10, Di–Fr 10–12, 14–18, Sa–So 11–17 Uhr) verfügt über eine beachtliche Sammlung moderner Kunst, darunter Werke von Otto Dix, Max Ackermann und Erich Heckel.

Fernblick in den Hegau – die mächtige Burgruine Hohentwiel hoch über Singen, beliebt als Aussichts- und als Picknickplatz, dient im Sommer als Festivalkulisse

Fantasie grenzenlos – im Fasnachtsmuseum sind Masken und Kostüme präsentiert

Die Attraktion von Singen aber ist die **Burgruine Hohentwiel** (April–Sept. tgl. 8.30–18.30, Okt. 9–17, Nov.–März 10–16 Uhr), die beherrschend über der Stadt liegt. Sie ist die größte und wichtigste der Hegauburgen, wohl eine uralte Zufluchts- und Kultstätte. Die Residenz der schwäbischen Herzöge war im 10. Jh. Witwensitz der Herzogin Hedwig, die durch Victor von Scheffels historischen Roman ›Ekkehard‹ zu literarischem Ruhm kam. Die Herzöge von Württemberg bauten die Burg ab dem 16. Jh. zur unbezwingbaren Festung aus, die als Hort protestantischen Widerstands im Dreißigjährigen Krieg fünf Belagerungen überstand. Im 18. Jh. war hier ein gefürchtetes Staatsgefängnis untergebracht. Kampflos wurde die Festung 1800 den Franzosen übergeben und von ihnen schließlich geschleift. – Im Info-Zentrum ist eine Dokumentation zur Geschichte der Festung zu sehen

Lohnend ist ein Besuch der oberen Festung mit den mächtigen Überresten der Renaissancebauten von Fürstenschloss und Zeughaus, Kirche und Zitadelle. Die Singener picknicken gern zwischen den grün überwucherten Ruinen – von hier hat man einen grandiosen Ausblick über Bodensee und Alpen. Hoch her geht es hier jeweils im Juli, wenn im Rahmen des *Hohentwielfestes* Künstler jung und alt begeistern, wobei auch hochkarätiger Jazz geboten wird.

Ausflug

In die Hochburg der Fasnacht kommt, wer **Schloss Langenstein** (kurz vor Eigeltingen) besucht, das seit 1959 das **TOP TIPP** faszinierende **Fasnachtsmuseum** (Jan.–Okt. Mi, Sa, So 13–17 Uhr, sonst So 10–17 Uhr) beherbergt. Auch wer kein Freund närrischer Vergnügungen ist, wird seine Freude an dieser wohl einzigartigen Sammlung von Masken, Kostümen und Figuren haben. Spöckwiebli, Mäschkerle, Hemdglonker, Bäsewiebi, Dichelbohrer, Zangenfideli, Hansele – hier erfährt man, was die originellen Masken bedeuten. Interessant ist die Sammlung von Zizenhausener Figuren. Die kleinen, bunt bemalten Terrakotten, im 19. Jh. im nahen Dorf Zizenhausen von der Künstlerfamilie Sohn hergestellt, waren früher sehr beliebt.

Praktische Hinweise

Tel.-Vorwahl Singen: 0 77 31
Information: Verkehrsamt, August-Ruf-Str. 7, Tel. 8 52 62, Fax 8 52 43, Internet: www.singen.de

Hotel

Flohr's Hotel, Brunnenstr. 11, Überlingen am Ried, Tel. 9 32 30, Fax 93 23 23, Internet: www.flohrs-restaurant.de. Kleines Hotel mit Garten, Liegewiese und exquisiter Küche.

Das schweizerische Bodenseegebiet – tosende Wasser, ein Rokokotraum und Gipfelglück

Die Schweiz bietet mit dem **Rheinfall** von Schaffhausen einen spektakulären Höhepunkt einer jeden Bodensee-Reise, und mit dem **Säntis** liegt hier der höchste Gipfel der Region.

Bei einem Ausflug ins **Appenzellerland** lernt man nicht nur Käse und Kühe kennen, der Weg führt auch nach **St. Gallen** mit seiner prächtigen Stiftskirche und der glanzvollen Klosterbibliothek. Handel und Industrie siedeln am weiten Ufer um Rorschach und Romanshorn, ihre Traditionen bewahrt haben sich die kleinen Städtchen am **Unterrhein**, die sich mit ihren bunt bemalten Bürgerhäusern wie Perlen am Ufer aufreihen und ihre Gäste auch mit **Wein und Fisch** verwöhnen.

9 Schaffhausen

Ein schönes mittelalterliches Stadtbild und der gewaltigste Wasserfall Mitteleuropas.

Der Name der Stadt, Metropole des kleinsten Schweizer Kantons, kommt sicher nicht, wie Spötter behaupten, von ›schaffe‹ und ›huse‹ (sparen), sondern leitet sich wohl eher von Schiff ab. Denn der Rhein hat schon immer Schaffhausens Schicksal bestimmt. Da er, im Mittelalter die Hauptverkehrsader, hier wegen des Rheinfalls nicht passierbar war, wurde Schaffhausen zum wichtigen Umlade- und Stapelplatz. Hauptattraktion ist natürlich der nahe gelegene Wasserfall, doch auch die gut erhaltene mittelalterliche Altstadt ist einen Besuch wert.

Stadtbummel

Über der Stadt thront pittoresk auf Rebhängen das **Kastell Munot**, eine 1564–89 in Anlehnung an Albrecht Dürers Befestigungslehre errichtete Rundfestung, zu der von der Unterstadt die gedeckte Munotstiege emporführt. Über eine spiralförmige Aufstiegsrampe ist der mächtige Rundturm zu erreichen, der gute Sicht über das Rheintal gewährt.

Wieder unten angelangt, passiert man den Tellenbrunnen und die spätgotische St. Johannkirche und kommt über die Vordergasse in die malerische Oberstadt.

An der Ecke zur Münstergasse fällt das alte **Rathaus** (15. Jh.) mit einem prächtigen Portal auf. Das imposante **Haus zum Ritter** gegenüber trägt schöne Fassadenmalereien mit Tugenddarstellungen von Tobias Stimmer (die Originalfresken von 1570 befinden sich im Museum zu Allerheiligen). Der polygonale Erker ist typisch für die Schaffhauser Häuser – mehr als 100 Erker von der Gotik bis zum Rokoko sind erhalten. Die vielleicht schönsten sieht man in der **Vordergasse**: das Haus *Vordere Melusine* (Nr. 6) mit einem hölzernen Kastenerker, der *Palmzweig* (Nr. 14) mit einem gotischen Steinerker und der *Zitronenbaum* (Nr. 29) mit einem Trapezerker aus dem 18. Jh.

Die Vordergasse mündet in den **Fronwagplatz**, der das Flanier- und Einkaufszentrum von Schaffhausen ist. Originell sind hier der Mohrenbrunnen (1535) und der Fronwagturm, dessen Giebel mit einer astronomischen Uhr von 1564 geschmückt ist. Nordwärts geht es durch die Vorstadt mit weiteren schönen Erkerhäusern (zum Beispiel Vorstadt 17 mit einer Darstellung der ›Fünf Sinne‹) bis zum Schwabentor.

Beeindruckend ist die Anlage des 1050 gegründeten **ehem. Benediktinerklosters Allerheiligen** im Südosten der Altstadt. Das romanische Münster, eine eintürmige Säulenbasilika, entstand um

Blickfang im Museum zu Allerheiligen ist der Onyx von Schaffhausen (um 20 n. Chr.)

schöne alte Räume mit Täfelung und Wandmalereien können besichtigt werden. Ausgestellt sind ferner frühgeschichtliche Funde, sakrale Kunst, Dokumente zur Stadtgeschichte und Gemälde. Eines der wertvollsten Objekte ist der ›Onyx von Schaffhausen‹, ein in Gold und Edelsteine gefasstes Sardonyx-Kameo aus dem 1. Jh. n. Chr.

Südlich vom Kloster hat in einer ehem. Textilfabrik nahe am Rheinufer die Moderne ein eindrucksvolles Ausstellungsforum bekommen. In den **Hallen für neue Kunst** (Baumgartenstr. 23, Di–Sa 15–17, So 11–17 Uhr) sind auf 5000 m² Werke von Joseph Beuys, Bruce Nauman, Mario Merz, Richard Long, Dan Flavin u. a. zeitgenössischen Künstlern zu finden.

Ungezähmte Wassermassen

1100 nach Hirsauer Vorbild, dessen Strenge sich im Inneren offenbart. Groß und stimmungsvoll ist der Kreuzgang des 12. Jh. Nach Osten schließt sich ein nach alten Vorbildern angelegter Gewürzkräutergarten an. In den ehem. Klosterräumen ist das **Museum zu Allerheiligen** (Di, Mi, Fr, Sa 12–17, Do 12–20, So 11–17 Uhr) mit seinen sehenswerten natur- und kunstgeschichtlichen Sammlungen untergebracht. Die Doppelkapelle St. Erhard und Michael (1104) sowie etliche

Nur 4 km entfernt und mit dem Trolleybus in 15 Min. zu erreichen ist der **Rheinfall** in Neuhausen. Ein dramatisches Schauspiel bieten die in weiße Wassernebel gehüllten, gischtenden Rheinwassermassen. Auf einer Breite von 150 m stürzen sie unter ohrenbetäubendem Dröhnen 25 m tief hinab, um sich in einem Becken zu sammeln und aufgewühlt weiterzuströmen. 750 m³ pro Sekunde sind es beim Höchststand des Pegels, im Winter nur 270. Irgendwann in ferner Zukunft wird der Mittel-

Vermutlich nach Plänen Dürers angelegt – die höchst bemerkenswerte Rundfestung Munot thront über der sehenswerten Altstadt von Schaffhausen

Beinahe ein Geheimtipp – Diessenhofen, durch eine Holzbrücke mit dem deutschen Gailingen verbunden, ist ein verträumtes Städtchen

felsen, der die Grenze zum Kanton Zürich bildet, ausgehöhlt sein.

Eindrucksvoll ist der Blick von oben auf das Wasserspektakel von *Schloss Laufen* und dem ›Känzeli‹ am südlichen Rheinufer. Die meisten Besucher kommen jedoch zum *Schloss Wörth* am Neuhauser Ufer unterhalb des Wasserfalls. Hier gibt es ein stets volles Restaurant, allerdings mit grandioser Aussicht. Man kann auch mit flachen Booten dicht an die weiße Gischt am Mittelfelsen fahren, um den größten Katarakt Mitteleuropas hautnah zu erleben.

Praktische Hinweise

Information: Tourist-Service, Fronwagplatz 4, Tel. 05 26 25 51 41, Fax 05 26 25 51 43, Internet: www.schaffhausen-tourismus.ch

Restaurants

Fischerzunft, Rheinquai 8, Tel. 05 26 32 05 05, Fax 05 26 32 05 13. Exklusive Schweizer Küche, mit asiatischer Raffinesse bereichert, und klassische Fischgerichte. Auch Hotel.

Kulturgaststätte Sommerlust, Rheinhaldenstr. 8, Tel. 05 26 30 00 60. Einladende Mischung von Küche, Kunst und Konzerten, Gartenrestaurant. Do–Mo ab 11.30 Uhr.

10 Diessenhofen, Gailingen und Büsingen

Ein beschauliches Städtchen mit Verbindung ins deutsche Gailingen und seltsame Früchte der Zollgrenze.

Hier war schon zu alten Zeiten ein wichtiger Rheinübergang, im frühen Mittelalter bewacht von einer Burg der Kyburger Grafen. 1178 erhielt **Diessenhofen** Stadtrecht, kam 1246 in Habsburger Besitz und wurde 1460 durch die junge Eidgenossenschaft erobert. Reich wurde die Stadt durch Färbereien und Stoffdruck. Von der *Schiffslände* mit dem *Vorderen Amtshaus* (1518) und dem burgähnlichen *Unterhof*, dem alten Sitz der Truchsesse (heute Ausbildungszentrum), führen Treppen hinauf ins Städtchen, das mit vielen schönen alten Häusern ein malerisches *Stadtbild* bietet. Interessantes zum Thema Stoffdruck präsentiert das *Museum* (Mai–Sept. Sa/So 14–17 Uhr, sonst nur So und auf Anfrage unter Tel. 05 26 57 25 89) im Oberen Amtshaus Ein kurzer Spaziergang führt rheinabwärts zum ehem. Dominikanerinnenkloster *St. Katharinental* (heute Klinik), das mit einer großartigen Barockkirche (1732–35) von Johann Michael Beer aufwartet. Weiter rheinabwärts kommt man ins *Paradies*, ein früheres Klarissenkloster. Hier kann man unter schattigen Kastanien gut einkeh-

Spätmittelalterliches Kleinstadtidyll ▷
Stein am Rhein – eine Augenlust sind
die bunt bemalten Bürgerhäuser
am Rathausplatz

ren; wer weiter nach Schaffhausen wandern möchte, kann mit der kleinen Fähre übersetzen.

Eine überdachte Holzbrücke aus dem 19. Jh. verbindet Diessenhofen mit dem deutschen **Gailingen** jenseits des Rheins. Mitte des 19. Jh. lebten hier mehr jüdische als katholische Einwohner, damals hatte Gailingen sogar einen gewählten jüdischen Bürgermeister. Die letzten jüdischen Bewohner wurden 1940 deportiert, die Synagoge war zwei Jahre zuvor zerstört worden. An die einst bedeutende Gemeinde erinnert der 1676 angelegte *jüdische Friedhof* im nördlich gelegenen Randegg.

Die liebliche Landschaft der Gegend mit Mischwald und Obstwiesen ist ein ideales Wandergebiet, in dem man jedoch seinen Ausweis benötigt – der Grenzverlauf ist recht verwirrend. Ein Schilda zwischen Franken und Euro ist die Enklave **Büsingen**: schweizerisches Zollgebiet unter deutscher Verwaltung, mit einer deutschen (78266) und einer Schweizer Postleitzahl (8238) und zwei unterschiedlichen Telefonhäuschen nebeneinander. Büsingens Wahrzeichen ist die Bergkirche *St. Michael* (11. Jh.), nahebei steht das Mesnerhaus (um 1500), eines der ältesten Fachwerkhäuser der Gegend.

Praktische Hinweise

Information: Verkehrsverein,
Tel. 05 26 57 10 77, Fax 05 26 57 39 60,
Internet: www.diessenhofen.ch

Hotel
**Krone, Tel. 05 26 57 30 70,
Fax 05 26 57 30 87. Man wohnt mit schönem Blick auf den Rhein und die alte Holzbrücke. Im Restaurant gibt es gute Fischgerichte.

Restaurants
Gasthof Schupfen, Tel. 05 26 57 45 44,
Di/Mi geschl. Feine Fischgerichte in einem alten Fachwerkhaus, außerhalb von Diessenhofen Richtung Stein.

Gennersbrunnerhof, Tel.
05 26 43 40 78. Bürgerliche Variante eines gepflegten Landgasthauses, am Ortseingang von Gennersbrunn oberhalb von Büsingen.

 11 Stein am Rhein

Im viel besuchten ›Rothenburg des Hochrheins‹ erzählen Häuser Geschichten.

An den Fassaden findet man u. a. Darstellungen von David und Goliath, Diogenes mit dem Fass, Klugheit und Liebe, Krieg und Frieden – bis ins 20. Jh. haben die Maler von Stein die Häuser bemalt. Kein Wunder, dass dieses bilderreiche romantische Städtchen unzählige Besucher anzieht und in so gut wie jedem zweiten Haus ein Restaurant zur Einkehr lädt.

Geschichte In Burg (Tasgaetium) am anderen Rheinufer ließ Diokletian ein

Grenzkastell anlegen, bei der Insel Werd, auf der bereits vor 5000 Jahren Pfahlbauern siedelten, schlugen die Römer im 1. Jh. eine Brücke über den Rhein. Entscheidend für die Stadtentwicklung wurde das Kloster St. Georg, das König Heinrich II. 1007 hierhin verlegte. Seit 1385 Stadt, begab sich Stein 1484 unter die Schirmherrschaft des mächtigeren Zürich und schloss sich 1525 der Reformation an.

Besichtigung Eng drückt sich das Städtchen an das rechte Ufer des jungen Hochrheins, wo dieser den Untersee verlässt. Eine Pracht sind die bunt bemalten Häuser um den brunnengezierten **Rat-** **hausplatz**. Auch wenn viele der Fassadenbilder keine 100 Jahre alt sind, fügen sie sich zu einem einzigartigen Gesamtbild. Den Platz dominiert das um 1900 mit Szenen aus der Stadtgeschichte bemalte **Rathaus**. 1539–42 erbaut, kamen im 18. Jh. das Riegelwerk (Fachwerk) der Obergeschosse, das Mansarddach mit Drachenwasserspeier, Uhr- und Glockentürmchen dazu. Sehenswert ist der _Rathaussaal_ (Voranmeldung unter Tel. 05 27 41 42 31) mit interessanten Standesscheiben, Bauernwaffen und Rüstungen. Aus dem 18. Jh. stammen die Bilder mit historischen und biblischen Motiven der **Vorderen Krone**, den erkergeschmückten **Roten Ochsen** zieren noch Fresken

45

von 1615, wenn auch mehrfach übermalt: In drei Friesen sind u. a. Melancolia und Sapientia, Lucretia und Judith, die Klugen und die Törichten Jungfrauen zu bewundern. Einen fünfseitigen Holzerker von 1682 besitzt das ebenfalls bemalte **Haus zum Hirschen**. Die Fassade des **Schwarzen Horn** erzählt vom Besuch des Freiherrn von Schwarzenhorn (1590–1667), der kaiserlicher Botschafter in Konstantinopel war. An der **Steinernen Traube**, deren Vorderfront auf das frühe 17. Jh. zurückgeht, sind noch gut der Eingang und die typische Öffnung für Werkstatt oder Laden zu erkennen. Die ältesten – und wohl schönsten – Bilder entdeckt man am **Weißen Adler** (Hauptstr. 14), der um 1520 wohl von dem einheimischen Maler Thomas Schmid gestaltet wurde. In einer Scheinarchitektur mit Säulen und Pilastern werden Tugenden mit Lastern konfrontiert, illustriert im 2. Obergeschoss mit Szenen aus Boccaccios ›Decamerone‹, im 3. mit Liebe, Klugheit und Gerechtigkeit.

Das **Museum Lindwurm** (Unterstadt 33, März–Okt. Mi–Mo 10–17 Uhr) zeigt hinter der schönen Empire-Fassade eine vollständig eingerichtete Bürgerwohnung des 19. Jh. und eine kleine Gerberei. Im Hinterhaus, einem Fachwerkbau von 1712, wird die Landwirtschaft der Region präsentiert. Einen Besuch lohnt auch das **Phonographenmuseum** (Rathausplatz 17, März–Okt. tgl. 10–17 Uhr).

Ein eher stilles Refugium ist das **ehem. Benediktinerkloster St. Georgen** (Klostermuseum nur März–Okt. Di–So 10–12, 13.30–17 Uhr), das, die östliche Altstadt beherrschend, direkt am Rheinufer liegt. Schlicht ist die Kirche, eine dreischiffige, mehrfach umgestaltete *Säulenbasilika* des 11. Jh. Der angrenzende romantische Kreuzgang wie auch die anderen Bauten stammen aus der Zeit des 14. bis beginnenden 16. Jh., sie vermitteln einen bleibenden Eindruck von der Klosterkultur des späten Mittelalters und der frühen Renaissance. Neben den kargen Mönchszellen, den Refektorien, freskierten Räumen und gemütlichen Abtstuben fasziniert vor allem der *Festsaal*, den Abt David von Winkelsheim 1515/16 von Ambrosius Holbein und dem Steiner Renaissancekünstler Thomas Schmid mit Szenen aus der Geschichte Karthagos und Roms ausmalen ließ, und der von einer Tannenholzdecke mit Vogel- und Pflanzenmotiven überwölbt wird.

Hohenklingen, die gut erhaltene einstige Schutzburg des Klosters, überragt im Norden die Stadt. Heute genießt man vom Restaurant (Jan./Febr. geschl.,

Der Festsaal des ehem. Klosters St. Georgen birgt prachtvolle Renaissance-Malereien (1515)

Vieltürmiges Wahrzeichen am Untersee – der Turmhof von Steckborn

Tel. 05 27 41 21 37) einen weiten Blick, die Aussicht auf Burg und Stadt ist am schönsten von der **Johanneskirche** aus im jenseits des Rheins gelegenen Stadtteil Burg mit den Überresten des Römerkastells.

Auf der kleinen **Insel Werd** – erreichbar über einen Holzsteg vom linken Rheinufer aus – steht eine uralte kleine Kapelle über dem Grab des hl. Otmar, des ersten Abts von Kloster St. Gallen, wohin dieser auch 770 überführt wurde. Heute leben noch einige Franziskaner auf dem Eiland.

Praktische Hinweise

Information: Verkehrsbüro, Oberstadt 9, Tel. 05 27 41 28 35, Fax 05 27 41 51 46, Internet: www.steinamrhein.ch

Restaurants

Rheinfels, Tel. 05 27 41 21 44. Großes Hotelrestaurant mit Rheinterrasse gleich neben der Brücke in ehem. Zoll-, Lager- und Zunfthaus. Fischspezialitäten.

Roter Ochse, Rathausplatz, Tel. 05 27 41 23 28. Gemütliche altschweizerische Weinstube mit saisonaler Küche.

Sonne, Rathausplatz, Tel. 05 27 41 21 28. Traditionell gutes Restaurant.

12 Steckborn und Berlingen

Fachwerkidyll und Schlösser mit Aussicht.

Wie Traumkulissen ziehen die Landschaften bei einer Schiffspartie vorbei. Vielleicht noch schöner sind Wanderungen durch das Hügelland über dem Untersee. Idealer Ausgangspunkt ist das Städtchen **Steckborn**, das auf einer kleinen Halbinsel liegt. Der wehrhafte, fünf Stockwerke hohe **Turmhof** mit seinem charakteristischen kupferbeschlagenen Turm – pummelig dick in der Mitte und nadelspitz ringsum – ist ein Markenzeichen des Untersees. Der Reichenauer Abt Diethelm von Castell ließ den Wohnturm um 1320 direkt am Wasser erbauen und erwirkte für den winzigen Bezirk etliche Privilegien, darunter auch die eigene Gerichtsbarkeit. Heute stellt hier das *Heimatmuseum* (Mitte Mai–Mitte Okt. Mi, Do, Sa, So 15–17 Uhr) Prachtstücke von bemalten Steckborner Fayence-Öfen aus – der Ort war im 18. Jh. berühmt wegen seiner vielen Hafner. Südwestlich prunkt an der Schiffslände das **Rathaus** mit Fachwerk und Treppenturm (1669), die 1768 von Franz Anton Bagnato errichtete, innen zart stuckierte **Stadtkirche** erhielt an einer Turmseite Solarzellen.

Die Reichenau im Blick – lohnende Aussichten bietet der aufsteigende Seerücken am Südufer des Untersees, hier bei Mannenbach

Hügel, Wald und Wiesen: der Seerücken

Das Südufer des Untersees ist ein beliebtes **Wandergebiet**. *Besonders schön sind die kleinen Sträßchen und Wanderwege oben auf dem Seerücken. Zwischen Wald und Wiesen bieten sich immer wieder zauberhafte Ausblicke, und an fast jeder Wegbiegung liegt ein Schlösschen oder eine Burg.*

Mitten im Wald entdeckt man die **Ruine Neuburg** *(einst St. Galler Besitz) und oberhalb* **Schloss Liebenfels***, weiter südwestlich liegt das barocke* **Schloss Freudenfels** *(Besichtigung auf Anfrage unter Tel. 05 27 42 72 11) aus dem 14. Jh. Der kurze Aufstieg zur Wallfahrtskirche* **Klingenzell** *wird mit einem prächtigen Rundblick belohnt.*

Das Innere der barocken Kirche strahlt in frisch renoviertem Glanz, bäuerlich bunt wirken die Altäre, anrührend ist das kleine Gnadenbild, eine Pietà aus dem frühen 14. Jh. Einkehren kann man hier auch – gleich nebenan im rustikalen **Klingenzeller Hof** *(Do, Fr geschl.). Wandert man weiter hinauf auf die Höhe, so wird man von den eindrucksvollen Ausblicken auf den Säntis und die Alpenkette gefangen sein.*

Unten am See liegt das idyllische **Mammern** *mit seinem Schloss (heute Sanatorium) und interessant freskierter Schlosskapelle (1750) von Johann Michael Beer.*

Flussaufwärts wird der Untersee immer breiter und vereinigt sich vor **Berlingen** mit dem Zeller See. Das Rathaus (1780), der Reichenauer Kehlhof (1686), die neugotische Pfarrkirche und Winzerhäuser aus dem 18. Jh. prägen den kleinen Ort ebenso wie die Seepromenade, das moderne Tagungszentrum Kronenhof und die Heime der Stiftung Neutal. Im Dorf lebte der Maler Adolf Dietrich (1877–1957), der die Bodenseelandschaft in eindrucksvollen Bildern festgehalten hat. Gegenüber dem **Adolf-Dietrich-Museum** (Seestr. 26, Mai–Sept. Mi, Sa, So 14–18 Uhr) hat man den von vielen Bildern bekannten Garten liebevoll rekonstruiert.

Praktische Hinweise

Information: Verkehrsbüro Steckborn, beim See & Park Hotel Feldbach, Tel. 05 27 61 10 55, Fax 0 52 70 25 55, Internet: www.steckborn.ch

Hotels

***See & Park Hotel Feldbach**, Steckborn, Tel. 05 27 62 21 21, Fax 05 27 62 21 91, Internet: www.hotel-feldbach.ch. In einem alten Fachwerkhaus des Klosters mit modernen Anbauten, Strandkörbe stehen im grünen Garten direkt am Rhein.

Seehotel Schiff, Mannenbach, Tel. 07 16 63 41 41, Fax 07 16 63 41 50.

Direkt am Ufer gelegen, mit schönen Anlagen, guter Ausgangspunkt für Wanderungen auf dem Seerücken.

Restaurants

Café Bäckerei Wahrenberger, Berlingen, Seestr. 104, Tel. 05 27 61 13 36. Hinter dem unscheinbaren Äußeren verbirgt sich ein reizender kleiner Garten direkt über dem Wasser, in dem man es sich bei Kaffee und Kuchen oder einer Flasche Berlinger gutgehen lassen kann.

Hecht, Mammern, Tel. 05 27 41 24 63. Landgasthaus an der Durchfahrtstraße, ausgezeichnete Fischgerichte.
Di, Mi geschl.

Schiff, Mammern, Tel. 05 27 41 24 44. Im Ortskern, mit uriger Gaststube von 1788. Frischer Bodenseefisch und Hähnchen, die hier Güggeli heißen.

13 Schloss Arenenberg

Ein Kaiser als Feriengast und Schützenkönig.

Auf halbem Weg zwischen Mannenbach und Ermatingen liegt Schloss Arenenberg (15 Min. Fußweg von der Bahn- oder Schiffstation Mannenbach, Di–So

10–17 Uhr), das eher wie eine stattliche Villa wirkt. Kleine blau-weiß-rote Dachreiter signalisieren Französisches auf Schweizer Boden.

Königin Hortense kaufte 1817 das Haus, das im 18. Jh. wohl von dem Konstanzer Bürgermeister Sebastian Geißberg erbaut worden war, für 30 000 Gulden. Die Stieftochter Napoleons, unglücklich verheiratet mit dem Bruder des Kaisers, Louis, König von Holland, wurde nach dem Fall Bonapartes 1814 aus Frankreich ausgewiesen. Niemand wollte die prominente Asylantin aufnehmen, doch mit Hilfe ihrer Cousine Stephanie, der badischen Großherzogin, konnte sie in Konstanz bleiben und entdeckte bei einem Spaziergang den verwahrlosten Herrensitz. Nach standesgemäßem Umbau verbrachte Hortense regelmäßig die Sommer am Untersee, zusammen mit ihrem jüngsten Sohn Louis Napoleon, dem späteren Kaiser Napoleon III. Der leutselige Prinz wurde Mitbegründer des Thurgauischen Schützenvereins und sogar Schweizer Ehrenbürger. Er kam später noch oft hierher, auch mit Kaiserin Eugénie, die Arenenberg schließlich 1906 dem Kanton Thurgau schenkte.

Liebevoll gepflegt, als hätten die Hoheiten gerade die Räume verlassen, ge-

Schloss Arenenberg – pompöser Napoleon-Kult in eleganten Empire-Räumen

Eben gefangen – und dann frisch auf den Tisch

Ein Egli kommt selten allein

Es soll Gourmets geben, die nur wegen der köstlichen Fische an den Bodensee reisen, denn sie werden hier überaus delikat zubereitet. Eine raffinierte Kombination ist der **Ermatinger Fischsalat** *aus Filets von Egli, Felchen, Seeforellen und Zander, die golden gebraten mit frischen Salaten serviert werden.* **Egli***, auch Kretzer genannt, sind Barsche. Wegen der vielen Gräten isst man sie am besten als Filet.* **Groppen** *sind eine Gangfischart, die wiederum zur Familie der Felchen gehören. Sie wurden früher am Untersee mit der Segi, einem besonderen Zuggarn, das bis 200 m lang sein konnte, oder in Fachen, geflochtenen Wänden, gefangen und auch als Köder benützt. Die kleinen Groppen sind jedoch so gut wie ausgestorben.* **Felchen** *oder* **Renken** *sind forellenähnliche Lachsfische, als ganz besondere Delikatesse gilt Felchenkaviar. Auch Forellen, Hechte und Zander schwimmen im Bodensee.*

Die Fischerei trug traditionell zum Reichtum des Bodenseegebiets bei – und sie war auch ein Politikum: Erst 1977 wurde ein Vertrag über die **Fischereirechte***, die bis dahin Konstanz und der Reichenau unterstanden, zwischen der Schweiz und Baden-Württemberg abgeschlossen.*

nießt man in dem heutigen **Napoleon-Museum** ein einzigartiges Ensemble eleganter **Wohnkultur des 19. Jh.** im Stil des Empire und des Historismus. Durch Ankäufe von Bildern, Plastiken und Dokumenten aus dem Umkreis der Napoleoniden wurde die Ausstattung komplettiert. So ist es eine wahre Lust, durch die herrschaftlichen Salons zu schlendern, die wunderbaren Möbel, Dekors, Porzellane und Bilder zu bewundern. Originell, wie im *Vestibül* und besonders im *Speisesalon* die gestreiften Stoffbahnen an der Decke zu einem Zeltdach zusammenlaufen – Hinweis und Reminiszenz an das napoleonische Kriegszelt. Es gibt einen *Teesalon* im Stil eines Wintergartens, eine *Empire-Bibliothek* mit ledergebundenen französischen Klassikern – goldgeprägte Krone auf dem Rücken versteht sich von selbst –, im Obergeschoss ›Kaiserin Eugénie im Krönungsornat‹, gemalt von Franz Xaver Winterhalter, und das *Sterbezimmer* von Hortense mit einem Immortellenkranz auf ihrem Bett. Im *Blauen Zimmer* mit vielen Erinnerungen an Napoleon III. ist gar eine Flasche Bordeaux des Jahrgangs 1861 zu entdecken. Napoleon III. ließ den Wein nach Arenenberg schicken, wo er 1865 abgefüllt wurde. Nebenan in der Landwirtschaftsschule wird der Wein, von dem noch wenige Bestände existieren, alle 40 Jahre umgekorkt.

Eine fantastische **Aussichtsplattform** ist die Terrasse des Hauses – grandiose Blicke öffnen sich von hier aus über den Untersee und die Reichenau!

🔢 Ermatingen und Gottlieben

Gourmetausflug zu Fisch und Fachwerk.

Ermatingen und Gottlieben sind zwei entzückende Dörfer mit schönen Fachwerkbauten und guten Fischlokalen.

Im größeren **Ermatingen** – es bedeckt eine Landzunge, die sich zur Insel Reichenau hin streckt – kann man viel Fachwerk und am Ufer putzige Fischerhäuschen entdecken. Alle drei Jahre (2004 usw.) findet drei Wochen vor Ostern am Laetare-Sonntag die *Groppenfasnacht* statt, eine Tradition, die auf den vom Konzil abgesetzten Papst Johannes XXIII. zurückgehen soll, der hier 1415 Zuflucht gesucht hatte. Beim Groppenessen – die delikaten kleinen Unter-

In der Drachenburg von Gottlieben kann man stilvoll übernachten und auch fein speisen

seefische sind inzwischen verschwunden – soll er sein hartes Los vergessen haben. Die Narren gedenken des Ereignisses bei einem turbulenten und fantasievollen Umzug mit Riesenfischen.

Gottlieben, mit 300 Einwohnern kleinste Gemeinde der Schweiz, betört durch seine Lage an der engen Mündung des Rheins in den Untersee, dem Wollmatinger Ried [s. S. 24] direkt gegenüber. Das Dörflein besitzt mit der mächtigen erkergeschmückten *Drachenburg* ein ganz besonders schönes Fachwerkhaus. Die malerische, doch unzugängliche Wasserburg am Ufer gehört heute der Opernsängerin Lisa della Casa. In der einstigen Burg der Konstanzer Bischöfe saßen zur Zeit des Konzils Jan Hus und auch der abgesetzte Papst als Gefangene. Den neugotischen Umbau veranlasste Louis Napoleon 1837/38. In dem wieder hergestellten Haus des Dichters *Emanuel von Bodman* finden regelmäßig Ausstellungen und Lesungen statt.

Praktische Hinweise

Information: Verkehrsverein Ermatingen, Hauptstr. 114, Tel./Fax 07 16 64 19 09, Internet: www.ermatingen.ch, www.gottlieben.ch

Hotels

Drachenburg und Waaghaus, Gottlieben, Tel. 07 16 66 74 74, Fax 07 16 69 17 09, Internet: www.drachenburg.ch. Gepflegt und mit antiken Möbeln eingerichtetes Hotel an der Uferpromenade. Zwei gute Restaurants gehören dazu, an Sommerwochenenden allerdings recht lebhaft.

TOP TIPP **Krone**, Gottlieben, Tel. 07 16 66 80 60, Fax 07 16 66 80 69, Internet: www.romantikhotels.com. Romantik-Hotel in einem behäbigen Fachwerkhaus an der Uferpromenade, es werden literarisch-kulinarische Abende mit prominenten Autoren veranstaltet.

Restaurants

Adler, Ermatingen, Tel. 07 16 64 11 33. In der ältesten Herberge der Gegend kehrten schon Napoleon III., Thomas Mann und Hermann Hesse ein.

Hecht, Schifflländestr. 25, Ermatingen, Tel. 07 16 64 16 15. Abwechslungsreiche Küche in gediegener Atmosphäre oder unter Sonnenschirmen auf der kleinen Terrasse. Mi/Do geschl.

Reichenauer Kehlhof, Ermatingen, Tel. 07 16 64 10 03. Hier gibt es im Sommer bei Apfelmost und Schmalzbroten zünftige Dixie-Matineen.

15 Kreuzlingen

Einkaufsstadt für Grenzgänger.

Mich schaukelt der Affe! – Freizeitspaß für Jung und Alt im Conny-Land bei Lipperswil

Kreuzlingen ist nicht der Schweizer Vorort von Konstanz, wie der Durchreisende meinen könnte, sondern eine lebendige Industriestadt mit 17 000 Einwohnern. Kreuzlingens Geschichte beginnt mit dem 1120 vom Konstanzer Bischof Ulrich I. gegründeten **Augustinerstift** (Hauptstr.), das Michael Beer nach dem Dreißigjährigen Krieg umbaute und in dem sich heute das thurgauische Lehrerseminar befindet. Die barocke Basilika St. Ulrich und Afra brannte 1963 völlig aus, ist inzwischen aber mustergültig renoviert. Glanzpunkt im Inneren ist eine vielfigurige Ölberggruppe von 1720.

In der alten Kornschütte des Klosters am verschilften Seeufer wurde das interessante **Seemuseum** (April–Okt. Mi, Sa, So 14–17, Nov.–März nur So 14–17 Uhr) eingerichtet, in dem fast alle Dampfer der Bodenseeflotte im Modell ausgestellt sind, dazu richtige Segelschiffe und eine lehrreiche Dokumentation zum Fischereiwesen. Der Spazierweg dorthin führt durch den idyllischen **Seeburgpark** rund um den alten Landsitz der Bischöfe (1598).

Ausflüge

Oberhalb von Kreuzlingen liegt **Bernrain** mit dem *Planetarium* (Bernrainstr. 21, jeden Mi 19–22 Uhr für Besucher geöffnet, Tel. 07 16 72 58 55) und der kleinen *Heiligkreuzkapelle*, die eine Station am Jakobspilgerweg nach Santiago di Compostela war. Die Etappe von Konstanz nach Einsiedeln ist für Wanderer ausgeschildert. Nach Konstanz führen auch drei Planetenwege.

Über Fischerei, Schifffahrt und Gewässerschutz informiert das Seemuseum in Kreuzlingen

Mit Rad und Picknick-korb – am Seeufer ost-wärts

Auf dem schönen Fahrradweg direkt am Seeufer von Kreuzlingen erreicht man **Bottighofen** *mit seinem großen Jachtzentrum. Zuvor kann man sich an der Straße vom Seepark nach Bottig-hofen bei* **Migros** *für ein Picknick ver-sorgen. Man findet fast überall die Su-permärkte der 1925 von Gottfried Dutt-weiler gegründeten Genossenschaft, in denen man gut und preiswert einkaufen kann.*

Von einer Höhe grüßt bald die ehem. Klosterkirche von **Münsterlingen***, die die Äbtissin Beatrix Schmid von Bran-denstein 1709–27 von Franz Beer er-richten ließ, ein frühes Beispiel des Vorarlberger Schemas: ein kurzes Schiff mit Wandpfeilern, das sich vor dem Altar zentralraumartig weitet. Ja-cob Carl Stauder bemalte die Gewölbe in leuchtenden Farben. Vor dem reich verzierten Chorgitter entdeckt man den Kopf eines hl. Johannes aus der Spät-gotik: Diese Skulptur stammt aus Hag-nau [Nr. 34] und wurde bei der letzten ›Seegfrörne‹ 1963 in einer feierlichen Eisprozession über den See hierher ge-bracht. Ungewiss, wann der See wie-der zufriert und die Hagnauer ihren Kopf zurückerhalten.*

Wenn der See zufriert, geht er auf Wander-schaft: Johanneskopf in Münsterlingen

Ein Kleinod gotischer Wandmalerei ist schließlich die kleine Leonhardska-pelle in **Landschlacht***. Den romani-schen Bau schmückt im Chor ein 1432 entstandener Zyklus mit Szenen aus der Vita des Kirchenpatrons, während die Passionsbilder im Langhaus 100 Jahre früher gemalt wurden.*

In südwestlicher Richtung fallen an der Straße nach Frauenfeld nach rund 12 km zirkusartige Bauten auf – der *Bodensee-Familienpark Conny-Land* (März–Nov. tgl. 9–18 Uhr, Tel. 05 27 62 72 71) in **Lip-perswil** bietet Seelöwen-, Delphin- und Papageienshows, einen bei Kindern be-liebten Dino-Park, Restaurant, Varieté und Tanzvergnügen.

Praktische Hinweise

Information: Verkehrsbüro, Hauptstr. 39, Tel. 07 16 72 38 40, Fax 07 16 72 17 36, Internet: www.kreuzlingen.ch

Hotels
***Schlössli**, Bottighofen, Tel. 07 16 88 12 75, Fax 07 16 88 15 40.

Edles Ambiente, zauberhaft gelegen, mit Garten zum See und Terrasse zum Jachthafen.
*Altnauerhof**, Altnau (ca. 10 km Rich-tung Romanshorn), Tel. 07 16 95 22 33, Fax 07 16 95 10 66. Freundliches Hotel mit schlichten Zimmern am kleinen Bahnhof, mit Fahrradgarage, zu Fuß ist man in 5 Min. am See.

Restaurants
Schloss Seeburg, Tel. 07 16 88 47 75. Restaurant mit schöner Terrasse in der alten Sommerresidenz der Konstanzer Bischöfe (16. Jh.). Di/Mi geschl.

Urs Wilhelms Restaurant im Schäfli, Altnau, Tel. 07 16 95 18 47. Oberhalb der Kirche gelegen, man speist hier in intimem Rahmen bei einem der Star-köche am Bodensee.

16 Romanshorn

Trubeliger Verkehrsknotenpunkt am südlichen Bodenseeufer.

Romanshorn ist der größte Hafen am Bodensee. Seit 1879 verkehrt hier die Fähre, die heute im Stundentakt in 40–50 Min. Friedrichshafen erreicht. Seitdem nicht mehr mit der Eisenbahn übergesetzt wird, ist der große Bahnhof etwas verwaist. Das nicht besonders attraktive Ortsbild wurde durch den großen **Seepark** oberhalb vom Bootshafen aufgewertet. Hier liegt auch die kleine gotische Kirche **St. Maria, Petrus und Gallus**, die mit ihrem Wehrturm auf das 8. Jh. zurückgeht. Ein gutes Stück größer geraten ist die neuromanische Kirche ein Stück weiter.

Vorbei am **Inseli** genannten Felsblock im See gelangt man zum Schwimmbad und weiter zum Badeplatz Holzenstein.

Ausflüge

In nordwestlicher Richtung führt ein idyllischer Wander- und Radweg nach **Uttwil**, einst ein wichtiger Hafen für Korn und Salz – was man den schönen Fachwerkbauten noch ansieht. Gegen Ende des Ersten Weltkrieges entwickelte sich hier eine kleine Künstlerkolonie mit Henry van de Velde, René Schickele und Carl Sternheim.

Im rosa Pfarrhaus des hübschen Nachbarorts **Kesswil** wurde 1875 der Psychiater Carl Gustav Jung geboren, dessen Vater hier Pfarrer war.

Praktische Hinweise

Information: Tourist-Information, Bahnhof, Tel. 07 14 63 32 32, Fax 07 14 61 19 80, Internet: www.romanshorn.ch

Hotel
**Hotel Schloss, Schlossberggasse 26, Tel. 07 14 66 78 00, Fax 07 14 66 78 01, Internet: www.hotelschlossromanshorn.ch. Gutbürgerlich, in den Anlagen über dem See, im umgebauten Amtshaus der St. Galler Vögte.

Restaurant
Restaurant Frohsinn, Tel. 07 14 63 44 84. Im malerischen, kürzlich renovierten Fachwerkhaus von 1722 an der Straße von Uttwil nach Kreuzlingen genießt man gute regionale Küche.

17 Arbon

Ausflug nach Mostindien.

Idyllisch schmiegt Arbon sich in die sanft geschwungene Bucht vor den leicht ansteigenden Hügeln im Hinterland, auf denen Wein und Obst prächtig gedeihen. ›Mostindien‹ wird der Thurgau wegen seiner vielen Apfelbäume genannt.

Eine elegante, in voller Länge die markante Landzunge umlaufende Uferpromenade, prächtige Bauten in heimeligen Altstadtgässchen und ein herrschaftliches Schloss findet der Besucher von Arbon vor. Die hübsche Hafenstadt ging aus dem Römerkastell Arbor Felix hervor, auf dessen Resten das heutige **Schloss** – Zeichen der Konstanzer Macht und 1285–1798 Sitz der bischöflichen Vögte – steht. Es wurde 1518 anstelle einer Vorgängerburg errichtet, von der einzig ein alter Turm einbezogen wurde. Heute renoviert, sind hier ein Café und in schönen Räumen das **Historische Museum** (Mai– Sept. tgl. 14–17; Okt., Nov., März, April nur So 14–17 Uhr) mit seinen Sammlungen von den Pfahlbausiedlungen der Jungsteinzeit über Funde aus römischer Zeit bis zur mittelalterlichen Stadtgeschichte und zur industriellen Entwicklung Arbons untergebracht. Nebenan liegt im Schatten der Kirche St. Martin die romanische **Galluskapelle** mit Fresken des 14. Jh. Der irische Missionar wirkte hier, ehe er ins heutige St. Gallen weiterzog.

Promeniert man weiter durch das Städtchen, das sich im Halbkreis um das Schloss legt, so kommt man zum steinernen alten **Rathaus** (Gericht) und kann viel Fachwerk bewundern, an der Hauptstraße besonders den von einem modernen Wasserturm (1927) überragten **Römerhof** (um 1500), das **Haus zur Straußenfeder** mit seinem geschwungenen Renaissancegiebel, in der Freiheitsgasse das an die Stadtmauer angebaute **Haus zur Torwache** oder das Bohlenständerhaus am Storchenplatz.

In der Bucht zwischen Arbon und Steinach, der **Arboner Bleiche**, siedelten schon vor 5000 Jahren Menschen. Die letzten Grabungen 1995 förderten Knochen und Keramikscherben aus dem Schlamm, prähistorische Komposthaufen, Angelhaken aus Eberzähnen und Steinbeile. Auch aus der sorgfältigen Zimmermannstechnik kann man schließen, dass das Seedorf aus dem 4. Jt. v. Chr. gut entwickelt war.

Schloss und katholische Martinskirche überragen Arbons Altstadt, die auf einer kleinen Halbinsel am Schweizer Oberseeufer liegt

Ausflüge

In **Stachen**, oberhalb von Arbon, kann man im Herbst, wenn die Ernte eingefahren wird, zusehen, wie die Äpfel zu Saft und Most verarbeitet werden. In dem großen Getränkemarkt *Mosterei Möhl* (St. Galler Str. 213, Führungen Mi, Do 13.30, 16 Uhr nach Anmeldung unter Tel. 07 14 46 43 43) vorne an der Straße verbirgt sich im 1. Stock ein kleines Museum mit alten Pressen, Branntweinverstärkerkolonnen und traditionellem Zubehör.

Von hier lohnt ein Abstecher hügelan zum pittoresken **Schloss Mammertshofen** bei Roggwil, eine Turmburg aus dem 10. Jh., Teil eines ganzen Burgenkranzes, mit dem St. Gallen seinen Besitz gegen Konstanz verteidigte. Auf die klobigen Findlingsteine wurde im 16. Jh. ein vorkragender Fachwerkbau gesetzt.

Information: Verkehrsbüro, Bahnhofstr. 40, Tel. 07 14 46 33 37, Fax 07 14 46 33 36, Internet: www.arbon.ch

Hotel
Hotel Metropol, Tel. 07 14 47 82 82, Fax 07 14 47 82 80. Modernes Hotel direkt an der Seepromenade mit Restaurantterrasse.

Restaurant
Gasthof Frohsinn, Romanshorner Str. 15, Tel. 07 14 47 84 84. Selbst gebrautes Bier und rustikale Kost unter alten Gewölben.

18 Rorschach

Schmucke alte Handelsstadt in barockem Gewand.

Betriebsam ist die Stadt, die in einer weiten Bucht am Südende des Sees und dem Rorschacher Berg zu Füßen lagert. Als Ort mit Markt- und Münzrecht seit 947 sowie als Hafen und Kornspeicher des St. Galler Klosters war Rorschach schon früh ein wichtiger Platz im Handel mit Italien, ab dem 17. Jh. dann ein Zentrum des Leinwandgewerbes und Tuchhandels. Zeugen dieser Blütezeit sind die **Barockhäuser** in der viel befahrenen Hauptstraße.

Blickfang auf der langen Uferpromenade ist das so schön altmodische **Badehaus** auf hölzernen Pfählen, das an den Fremdenverkehr der Jahrhundertwende erinnert. Direkt am Hafen steht das mächtige barocke **Kornhaus**, 1746–49 von Giovanni Gaspare Bagnato erbaut, dessen Südgiebel zur Landseite hin mit Ähren und Füllhörnern stuckiert ist. Statt Getreide werden nun im **Heimatmuseum**

(Di–Sa 14–17, So 10–12, 14–17 Uhr) urgeschichtliche Funde, Kunsthandwerk und alte Möbel aufbewahrt.

In einem früheren Güterschuppen am Hafenbahnhof stellt das **Oldtimer-Museum ›Alte Garage‹** (März–Mitte Nov. Mo–Sa 13.30–17.30, So 10–17.30 Uhr) den legendären Gangster-Citroën und andere nostalgische Vehikel aus.

Über der Stadt ruht das **ehem. Benediktinerkloster Mariaberg**, heute Lehrerseminar (Besichtigung nur während der Schulzeit, Tel. 07 18 44 18 18). Neben dem spätgotischen Kreuzgang lohnt vor allem der Kapitelsaal (jetzt Musiksaal) mit Fresken des 16. Jh. einen Besuch.

Ausflüge

Beliebtes Ausflugsziel ist der **Goldachtobel** am Rorschacher Berg. In der *Forellenzucht Lochmühle* bei Mörschwil kann man sich selber seine Forellen fangen und anschließend grillen (Peter Graf, Tel. 07 18 66 23 51). In östlicher Richtung geht es vorbei am *Flugplatz* von **Altenrhein**, von dem in den 1920er-Jahren die Dornier-Flugboote starteten. Die ungewöhnliche *Markt- und Kunsthalle* (April–Sept. tgl. 10–17.30 Uhr, Okt.–März 13–17.30

Uhr) des Ortes ist der letzte Bau von Friedensreich Hundertwasser. Über Pappelsträßchen kommt man ins **Naturschutzgebiet Rheinspitz** am Alten Rhein, wo eine holländisch anmutende Zugbrücke zum Campingplatz führt. Direkt am Rhein liegt der kleine Garten der Wirtschaft Paradiesli, die auch Boote vermietet.

Praktische Hinweise

Information: Tourist Information, Hauptstr. 63, Tel. 07 18 41 70 34, Fax 07 18 41 70 36, Internet: www.touris-rorschach.ch

Hotels
*****Hotel Bad Horn**, Seestr. 36, Horn (westlich von Rorschach), Tel. 07 18 41 55 11, Fax 07 18 41 60 89, Internet: www.badhorn.ch. Modernes Haus, maritim-elegant mit eigenem Jachthafen, Restaurant und schöner Seeterrasse.

****Landgasthof Rebstock**, Thalerstr. 57, Tel. 07 18 55 24 55, Fax 07 18 55 73 20, Internet: www.rebstock.ch. Freundliches Hotel oberhalb von Rorschach, ruhig und mit schöner Aussicht.

Beschwingt und detailfreudig: die prachtvollen Fresken des 16. Jh. im Kapitelsaal des ehem. Benediktinerklosters Mariaberg oberhalb von Rorschach

Das barocke Kornhaus (rechts) am Hafen von Rorschach beherbergt das Heimatmuseum

19 **Heiden**

Wo die feine Welt kurte.

In lieblicher Landschaft des Kantons Appenzell-Außerrhoden kuschelt sich der **Luftkurort** auf eine sonnige Terrasse über dem See. Als heilklimatischer Ort war Heiden in Mode gekommen, nachdem Albrecht von Graefe, Professor für Augenheilkunde aus Berlin, hier praktiziert und Heinrich Frenkel die Bewegungstherapie eingeführt hatte. In der guten Luft erholten sich der deutsche Kronprinz, später für 99 Tage Kaiser Friedrich III. (1831–1888), und mit ihm der Hochadel. Vegetative Dystonie, Herzinfarkte und Managerkrankheiten werden heute hier kuriert.

Bequem und romantisch – die Zahnradbahn führt von Rorschach ins hoch gelegene Heiden

Auch des **Stadtbilds** wegen ist Heiden eine Reise wert. Nach verheerendem Brand 1838 wurde das Städtchen nach einheitlichem Plan wieder aufgebaut – mit rechtwinkligen Straßen und weißen Häusern – ein harmonisches Ensemble des Biedermeier. Alle öffentlichen Gebäude umstehen den Kirchplatz: Post, Rathaus und protestantische Kirche mit toskanischen Säulenhallen über Freitreppen an drei Seiten (1838/40 von Felix Wilhelm Kubli). Vom 30 m hohen Turm hat man einen wunderbaren Panoramablick.

An *Henri Dunant* (1828–1910), den Friedensnobelpreisträger und Gründer des Roten Kreuzes, der ab 1887 in Heiden lebte, erinnert das **Dunant-Museum** (Asglstr. 2, April–Okt. Di–Sa 14–17, So 10–12, 14–17 Uhr, Nov.–März Mi, Sa 14–17, So 10–12, 14–17 Uhr).

Man kann den hoch gelegenen Ort von Rorschach aus einfach mit der roten **Zahnradbahn** (seit 1875) erreichen. Der Weg über den aussichtsreichen Rossbüchel (964 m), den hübschen Weiler Wienacht und Schloss Wartenberg ist aber auch zu Fuß zu bewältigen (ca. 3 Std.). Zudem locken bequeme **Wanderwege**. In 2¹⁄₂ Std. spaziert man über den *Witzwanderweg* nach Walzenhausen – manche mögen die Landschaft schöner finden als die 68 Witztafeln des Nebelspalter-Karikaturisten Carl Böckli. Der *Gesundheitsweg* über Rütegg und Oberegg zurück nach Heiden stellt Kräuter und natürliche Heilmethoden vor. Zu Fuß ist man in gut 1 Std. in dem für seine Molkekuren bekannten *Mineralbad Unterrechstein*.

Praktische Hinweise

Information: Verkehrsbüro, Seeallee 2, Tel. 07 18 98 33 00, Fax 07 18 98 33 09, Internet: www.appenzell.ch

Hotels

***Hotel Walzenhausen**, Tel. 07 18 86 21 21, Fax 07 18 88 10 84, Internet: www.hotel-walzenhausen.ch. Wie ein Balkon über dem See gelegener großer Kasten mit allem Komfort und therapeutischen Angeboten. Schon 1870 wurde hier gekurt. Vor dem Haus fährt die kleine Bergbahn steil hinunter nach Rheineck an den See.

Hotel Heiden, Seeallee 8, Tel. 07 18 91 91 11, Fax 07 18 91 11 86, Internet: www.hotelheiden.ch. Schöne Seeblicke, Hallenbad und Garten.

20 **St. Gallen** *Plan Seite 60*

Eine Stadt als Kulturmonument.

Die Hauptstadt des gleichnamigen Kantons ist mit 72 000 Einwohnern die siebtgrößte Stadt der Schweiz, Bischofssitz und kulturelles wie wirtschaftliches Zentrum der Ostschweiz. Hier kann man in der hübschen Fußgängerzone flanieren, Geschäfte bestaunen und sich dem pulsierenden Leben einer lebhaften Stadt mit viel Atmosphäre hingeben.

Geschichte Aus der Einsiedelei des irischen Mönchs Gallus, der 612 an die Steinach kam, entstand 720 ein Kloster, das bis ins 11. Jh. ein geistiges **Zentrum des christlichen Abendlands** mit immenser Strahlkraft wurde. Die erhaltenen Handschriften der Mönche gehören zu den ganz seltenen und kostbaren Zeugnissen früher Schriftkunst und Buchmalerei. St. Gallens Äbte waren 1206 bis 1805 Reichsfürsten. Die kleine Siedlung um das Kloster wuchs 1212 zur einflussreichen freien Reichsstadt, die sich Mitte des 15. Jh. mit den Eidgenossen verbündete und kurz darauf, 1457, vom Kloster trennte. 1524 wurde die Reformation durch den Humanisten, Arzt und Bürgermeister Joachim von Watt (gen. Vadian) eingeführt, was zu neuen Reibereien im ständigen Kleinkrieg mit dem Kloster führte: 1562 bauten die beiden Parteien sogar eine Mauer als Konfessionsgrenze um das Kloster.

Die seit alters florierende **Leinen- und Baumwollweberei** machte St. Gallen bis ins 20. Jh. wohlhabend, wobei im 19. Jh. die Kunst der **Stickerei** eine besondere Rolle spielte.

Besichtigung Die Talstation der **Mühleggbahn** ❶ neben dem kleinen Wasserfall ist der ideale Ausgangspunkt für einen Stadtspaziergang: Hier nämlich soll der hl. Gallus den wilden Bären getroffen haben, der ihm beim Bau seiner Klause half. An diesem historischen Ort fährt seit 1893 die kürzeste Drahtseil-Untergrundbahn der Schweiz, mittlerweile vollautomatisch.

Ideal nach Maß – die Kathedrale

Wenn man die Moosbruggstraße entlang und links durch das Karlstor (1570) in den stillen Klosterhof geht, steht man alsbald vor der zweitürmig aufragen-

TOP TIPP den Ostfassade der **Kathedrale** ❷ (Chor und Chorgestühl nur mit Führung, Tel. 07 12 27 33 88): dreige-

Den Klosterbezirk von St. Gallen dominiert die Kathedrale mit ihrer schönen Doppelturm-fassade – eine der großen sakralen Raumschöpfungen des 18. Jh.

schossig aus Sandstein mit einem elegant bauchig ausschwingenden Mittelteil.

Wie man sich ein ideales Kloster nach der Benediktinerregel vorstellte, zeigt der berühmte, in der Klosterbibliothek bewahrte karolingische Idealplan (um 820). Als ältester Teil der frühen Klosteranlage ist nur noch die Krypta (10. Jh.) mit den Gräbern der St. Galler Bischöfe erhalten. Den heutigen Bau mit seiner prächtigen Doppelturmfassade und dem dreischiffigen Langhaus mit eingeschobener Rotunde schufen 1755–66 die Vorarlberger Peter Thumb und Johann Michael Beer

Engel, Gold und wuchernde Stuckaturen im Inneren – ein gewaltiger Kuppelraum weitet das Hauptschiff zu beträchtlichem Ausmaß

[vgl. S. 75], wobei auch Kaspar Moosbrugger, Giovanni Gaspare Bagnato und der St. Galler Laienbruder Gabriel Loser an Planung und Ausführung beteiligt waren. Ein monumentales Werk des Spätbarock, das, tritt man an der Seite der *Rotunde* ein, zunächst als Zentralraum überwältigt. Dabei ist die Rotunde dem Grundriss nach eigentlich ein Oktogon – die flach gewölbte Kuppel ruht auf acht Pfeilern. An dieser Stelle weitet sich das Hauptschiff und die Seitenschiffe wölben sich hinaus. In eindrucksvoll rhythmischer Gliederung legen sie sich schwungvoll um die Rotunde.

Die Wände wurden vom Breisgauer Christian Wenzinger mit grandiosem *Stuck* in Rocaille- und Pflanzenformen überzogen. Überall schweben Putten, die allegorische Figuren darstellen. Acht Stuckreliefs über den Durchgängen zeigen in meisterlicher Gestaltung Szenen aus dem Leben des hl. Gallus. Ebenfalls von Wenzinger sind die leuchtenden *Deckenmalereien* im Kuppelraum, in drei konzentrischen Kreisen ist hier eine Fülle von Figuren harmonisch verteilt: im untersten Ring Gruppen der acht Seligkeiten, im zweiten Maria, Josef, Johannes der Täufer, Joachim und Anna, und schließlich – engelumflattert – die Dreifaltigkeit. Nach Westen anschließend sind die hll. Gallus, Otmar, Maria und Cäcilie dargestellt. Hans Georg und Matthias Gigl formten den Stuck im *Chor*, die Malereien schuf hier der Rokokofreskant Joseph Wannenmacher.

Von Joseph Anton Feuchtmayer stammen die *Beichtstühle* im Langhaus mit meisterlichen Reliefs aus Lindenholz, die alle das Bußsakrament zum Thema haben, ebenso wie das ob seines Formenreichtums bewundernswerte *Chorgestühl* mit großartigen vergoldeten Reliefs – bewegende Darstellungen aus dem Leben des hl. Benedikt. Prachtvoll ist das überreiche *Chorgitter*. Anton Dirr gestaltete 1786 die *Kanzel* mit den vier Evangelisten, im Relief sieht man u. a. den hl. Gallus beim Angeln vor Bregenz.

Verlässt man den Kirchenraum und seine reiche Formenwelt zwischen Barock, Rokoko und Klassizismus, so wirkt der weite Platz mit den ehem. Klostergebäuden, die jetzt von Behörden genutzt werden, doch eher nüchtern.

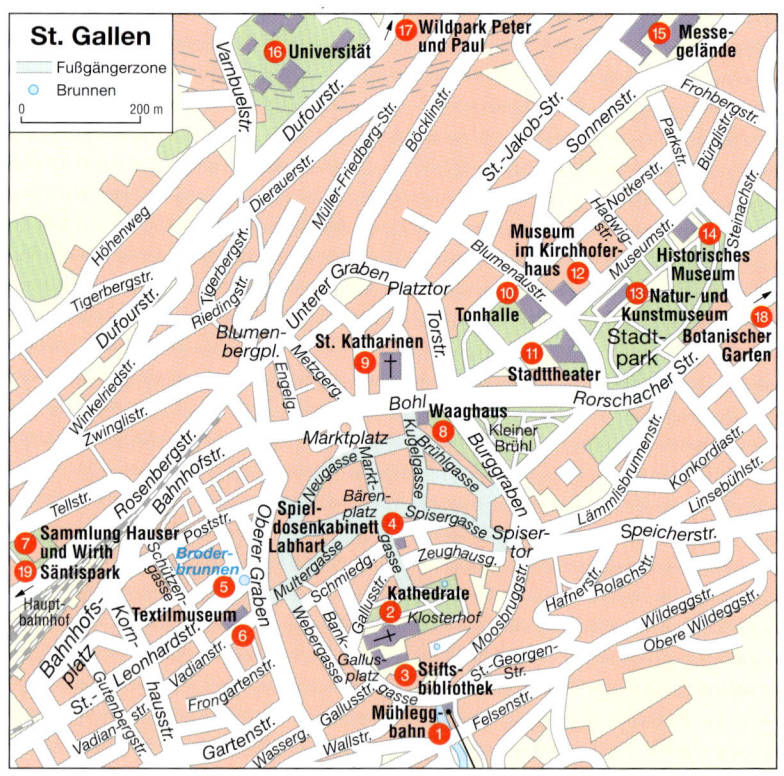

Enge Gassen, bunte Dächer – Ausblick auf St. Gallens Altstadt vom Kirchturm St. Laurenzen

Raumwunder Stiftsbibliothek

Schätze der Buchkunst – Vesperale von 1691

Aber der absolute Höhepunkt des Be-
suchs steht erst bevor – die **Stiftsbibliothek** ❸ (Dez.–März Mo–Sa 10–12,
13.30–17, April–Nov. Mo–Sa 9–12,
13.30–17, So 10–12, 13.30–16 Uhr): sicher der schönste profane Rokokosaal
der Schweiz, wenn nicht Europas. Auf
Geheiß von Fürstabt Coelestin Gugger
von Staudach, der auch den Kirchen-
neubau initiierte, hat ihn Peter Thumb
errichtet. 1758–67 schmückten ihn die
Brüder Gigl mit feinstem *Stuck*, Joseph
Wannenmacher malte die Deckenbilder.
1764–66 wurden unter Leitung des Klos-
terbruders Gabriel Loser alle *Holzarbei-
ten* ausgeführt: Die Bücherschränke um-
kleiden die raumgliedernden Pfeiler bis
unter die Decke, Holzsäulen tragen die in
ihrer schwungvollen Kurvierung an Gei-
genkörper erinnernde Galerie – und dann
noch der herrlich intarsierte *Fußboden*.
Wunderwerke in warmen braunen Tönen! Man kann nur die Handwerkskunst

*Kleinod von Weltrang – der grandiose Rokokosaal der Stiftsbibliothek bewahrt rund
130 000 Bände und 2000 Handschriften*

und den praktischen Sinn fürs Detail bewundern: In den Fensternischen findet
man Klapptische, Kataloge mit auswech-
selbaren Täfelchen sind in die Pilaster
eingebaut.

Ungeheure *Schätze* birgt dieses Raum-
wunder des Rokoko: 2000 Handschriften
und 1600 Wiegendrucke, darunter die
Handschrift B des Nibelungenliedes, das
Psalterium Aureum (9. Jh.), der Forchart-

Psalter, das Elfenbeindiptychon des
Mönches Tutilo, die Klosterchronik des
Mönches Ekkehard IV. (den Victor von
Scheffel zum Helden seines Romans
machte) aus dem 11. Jh. und seltene irische Miniaturen. Das Skriptorium war
vor allem berühmt für seine erhabenen
goldenen und silbernen Ornamente – die
Zusammensetzung der Tinten hat man
bis heute nicht rekonstruieren können.

Schmale Gassen, hübsche Häuser

Es macht Spaß, durch die Altstadt zu schlendern, durch die *Marktgasse*, die *Spisergasse* oder die Einkaufsmeile *Multergasse* mit ihren bunt bemalten Häusern, wobei die Entscheidung, in die Schaufenster oder eher nach oben zu den Erkern zu gucken, nicht leicht fällt. Die schönsten, zweigeschossig und oft reich geschnitzt, sieht man in der *Gallusstraße* und in der *Kugelgasse*. Ganz selbstverständlich verbinden sich in den stattlichen Bürgerhäusern aus dem 17. und 18. Jh. Tradition und moderner Alltag.

Liebhaber alter Spieldosen werden ihre Freude an der originellen Sammlung im **Spieldosenkabinett Labhart** ④ (Marktgasse 23, im 2. Stock über dem Uhren- und Schmuckgeschäft Labhart, Besichtigung zu Ladenöffnungszeiten, Vorführungen Di–Sa 11 Uhr) haben.

Am Oberen Graben steht der **Broderbrunnen** ⑤, der an das älteste Wasserwerk am Bodensee erinnert. Seit 1896 wird das Wasser für St. Gallen von Rorschach hochgepumpt. Gleich um die Ecke kann man im **Textilmuseum** ⑥ (Vadianstr. 2, Nov.–März Mo–Fr 10–12, 14–17 Uhr, Apr.–Okt. auch Sa) historische Stickereien und Spitzen bewundern. In einer alten Lokremise gleich hinter dem Bahnhof präsentiert die **Sammlung Hauser und Wirth** ⑦ (Grünbergstr. 7, Mai–Okt. Mi–So 11–18 Uhr) aufregende zeitgenössische Kunst.

Jenseits des verkehrsreichen Bohl mit dem **Waaghaus** ⑧ von 1584 (im Obergeschoss tagt der Große Gemeinderat) stößt man auf das ehem. Dominikanerinnennkloster **St. Katharinen** ⑨ (heute Bibliothek), dessen schlichter gotischer Kreuzgang eine Oase der Ruhe im Stadtgetriebe ist.

Allee der Musentempel

Am Brühltor beginnt die Museumstraße. In schönen begrünten Anlagen liegt gleich links die **Tonhalle** ⑩, ein ansehnliches Jugendstilgebäude, gegenüber steht die moderne Betonburg des **Stadttheaters** ⑪. An der Ecke befindet sich das **Museum im Kirchhoferhaus** ⑫ (Museumstr. 27, auf Anfrage, Tel. 07 12 44 75 21). Hier ist schon allein das Interieur des späten 19. Jh. sehenswert, macht es doch Reichtum und Anspruch der Textilfabrikantenfamilie Kirchhofer deutlich, die ihren Besitz als Museum stiftete. Ausgestellt sind prähistorische Höhlenfunde aus dem Appenzellerland, Gemälde und vor allem eine bedeutende Silbersammlung.

Nach wenigen Schritten durch die Anlagen ist man im **Natur- und Kunstmuseum** ⑬ (Museumstr. 32, Di–Sa 10–12, 14–17, So 10–17 Uhr). Geologie und Mineralogie, dazu die heimische Vogel- und Tierwelt, zu der sich auch Dinos gesellen, sind im Untergeschoss lebendig präsentiert. Schwerpunkte der Gemäldesammlung sind Impressionismus und Klassische Moderne. Treppenhaus und Dekor stammen noch aus der Gründerzeit, sie stehen in interessantem Kontrast zu den Installationen zeitgenössischer Kunst, unter anderen auch von Jean Tinguely.

Gegenüber präsentiert das **Historische Museum** ⑭ (Museumstr. 50, Di–Sa 10–12, 14–17, So 10–17 Uhr) eine wahre Fülle interessanter Exponate zur Geschichte des Kantons St. Gallen, darunter ein Stadtmodell von 1650 und gläserne Standesscheiben, ferner gotische Räume, Musikinstrumente und Spielzeug. Im selben Haus ist die **Sammlung für Völkerkunde** untergebracht, die Werkzeug, Schmuck und Kunst aus Polynesien, Australien sowie Afrika zeigt.

Bratwurst, Miró und Murmeltier

Stadtauswärts liegt das **Messegelände** ⑮ (Splügenstr. 12), wo im Oktober die OLMA, die große Schweizer Leistungsschau für Land- und Milchwirtschaft, mit Züchterwettbewerben, Blasmusik und – nicht zu vergessen – der Olma-Bratwurst ein riesiger Anziehungspunkt ist. Interessierten sei verraten, dass die **Universität** ⑯ (Führungen Tel. 07 12 24 21 11), nördlich vom Stadtzentrum, Werke bedeutender Künstler wie Jean Arp, Alexander Calder, Alberto Giacometti, George Braque und Joan Miró bewahrt.

Vom hoch gelegenen **Wildpark Peter und Paul** ⑰ (Rotmonten, tgl. geöffnet, mit Gaststätte) blickt man nicht nur bis zum Bodensee, sondern erkennt auch, wie die Stadt krakenähnlich über die grünen Hügel greift. In großen Freigehegen tummeln sich Steinböcke und Gemsen, Hirsche, Murmeltiere und Luchse. Ein schöner Wanderweg führt von hier in 2¹/₂ Std. abwärts nach Arbon. Vom sehenswerten **Botanischen Garten** ⑱ (Stephanshornstr. 4, tgl. 8–12, 13.30–17 Uhr) im Stadtteil Neudorf führt der 8 km lange Planetenweg, ein astronomischer Lehrpfad, über das hübsche Dorf Mörschwil mit einer Museumsküferei bis zum Bodensee.

An der Autobahnausfahrt St. Gallen-Winkeln liegt der **Säntispark** ⑲ (Mo–Fr 9–21, Sa, So 8–22 Uhr) mit einem riesigen Einkaufszentrum und einer ›Plausch- und Bäderlandschaft‹ mit Wellenbad, Sauna, Fitnessclub, Liegewiesen und Spielpark.

Information: Tourist-Information, Bahnhofsplatz 1 a, Tel. 07 12 27 37 37, Fax 07 12 27 37 67, Internet: www.st.gallen-bodensee.ch

Hotel
***Einstein**, Berneggstr. 2, Tel. 07 12 27 55 55, Fax 07 12 27 55 77, Internet: www.einstein.ch. Nahe der Kathedrale in einer umgebauten früheren Stickereifabrik, mit allem Komfort.

Restaurants
Concerto, Museumstr. 25, Tel. 07 12 42 07 77. Feines, an die Tonhalle angegliedertes Restaurant mit Garten.

Fondue Beizli Neueck, Brühlgasse 26, Tel. 07 12 22 43 44. Fondue, Raclette und Schweizer Küche. So geschl.

Neubad, Bankgasse, Tel. 07 12 22 86 83. Klein, aber exquisit.

Angelis, Bankgasse 12, Tel. 07 12 27 61 00. Gourmetlokal im Hotel St. Gallen.

Cafés
Café Vögeli-Beck, Spisergasse 25. Im 1. Stock werden leckere Röschti-Spezialitäten serviert.

Alpabtrieb im Appenzell – der Mensch stiehlt hier der Kuh die Schau

Im Kuh- und Käseland

*Eine eigenartige Landschaft und ein eigenartiges Ländchen: Das Appenzell ist nur 415 km^2 groß und besitzt kaum ein ebenes Stück Erde. Zwischen hohen Gipfeln, tiefen Schluchten und samtgrünen Matten haben sich in dem vom Bodensee bis zum Alpsteinmassiv aufsteigenden Land viele alte Traditionen bewahrt. Bei den **Alpfahrten** nach guter sennischer Art erklingt arkadisches Kuhgeläute, und die malerischen **Appenzeller Trachten** werden noch fast selbstverständlich getragen.*

Als Folge der Reformation trennte sich das Land 1597 in zwei Halbkantone: in das vorwiegend protestantische Außerrhoden und das katholische Innerrhoden mit dem Hauptort Appenzell, wo es schöne bemalte Häuser mit stolz geschwungenen Giebeln und das sensationelle Museum Liner mit Wechselausstellungen zur Kunst des 20. Jh. zu bestaunen gibt.

TOP TIPP *Das **Appenzellerland** ist eine wunderbare Wanderwelt: In Wasserauen geht es mit der Luftseilbahn auf die **Ebenalp** (1644 m) hinauf. Eindrucksvoll ist der Abstieg (2 Std.) über das Wildkirchli mit seinen sehenswerten Höhlen und den Seealpsee. Von Brülisau fährt die Seilbahn auf den **Hohen Kasten** (1794 m). Oben ist ein etwa fünfstündiger aussichtsreicher geologischer Wanderweg angelegt. Den 1663 m hohen **Kronberg** erklimmt die Seilbahn von Jakobsbad aus. Der Aufstieg ist nicht schwer, vielleicht noch schöner ist der Abstieg über die Hoch-Petersalp nach Urnäsch.*

*Und dann ist das Appenzell auch ein Land der glücklichen Kühe. Die Attraktion des kleinen Ortes Stein ist die **Appenzeller Schaukäserei** (Käseherstellung 9–14 Uhr, Führungen nach Vereinbarung, Tel. 07 13 68 50 70). Von einer Galerie aus können die Besucher zusehen, wie tgl. 1800 l Milch zu gutem Appenzeller Käse verarbeitet werden. Im angeschlossenen Restaurant gibt es alle erdenklichen Käsegerichte – aber auch Fleisch und Kuchen.*
Informationen: *Appenzellerland Tourismus, Appenzell, Hauptgasse 4, Tel. 07 17 88 96 41, Fax 07 17 88 96 49, Internet: www.appenzellerland.ch*

Gipfel in Watte gepackt – fantastisch ist der Weitblick vom Säntis über die nebelverhangenen Häupter des Alpsteinmassivs

Confiserie Roggwiler, Multergasse 7. Köstliche Kuchen, Bircher Müsli mit Rahm und auch kleine salzige Gerichte.

Monti American Bar, Rosenbergstr. 55. Mit ihrem riesigen Cocktail-Angebot hat diese Bar einen Platz im Guinness Buch der Rekorde.

TOP TIPP **21** ## Säntis

Dem Himmel nah.

Groß und mächtig thront der Säntis über dem Bodensee, mit 2502 m der höchste Gipfel im Alpsteinmassiv. Man sieht ihn fast überall vom nördlichen Ufer majestätisch in der Ferne glitzern. ›Trägt der Säntis einen Degen (eine lang gestreckte Wolke oder Nebel), gibt es Regen, trägt er einen Hut, wird das Wetter gut‹, heißt es im Volksmund. Ist der Himmel also blau und schweben allenfalls ein paar leichte weiße Wölkchen um den Gipfel, sollte man sich auf den Weg machen.

Von der **Schwägalp** in 1350 m Höhe fährt die Luftseilbahn in 10 Min. zur 2473 m hoch gelegenen Bergstation: von 1100 PS angetrieben, an 47,5 mm dicken Tragseilen und 37,5 mm dicken Zugseilen mit etwa 25 km/h. Schon bei der Fahrt bekommt man fast Schwindel erregende Eindrücke von den gigantischen Felswänden. Oben angekommen, hat man den herrlichsten **Rundblick** auf das meist schneebekrönte Felsenmeer – von der Zugspitze bis zum Arlberg, übers Ötztal und zur Cesaplana, Ortler, Eiger, Mönch und Jungfrau zeigen ihre Spitzen. Bei klarem Föhnwetter, vor allem im Herbst, soll man sogar nordwärts über den Bodensee bis zum Ulmer Münster und zu den französischen Vogesen sehen.

Im 9. Jh. wird der Säntis erstmals als ›iugum Sambutinum‹ erwähnt – ein romanischer Name, der ›der am Sonntag Geborene‹ bedeutet. Das Massiv besteht aus einer Schar von parallelen Falten und Mulden, die, durch zahlreiche Querbrüche verrissen und gegeneinander versetzt, vielgestaltige Fels- und Landschaftsformen gebildet haben.

Der Gipfel ist mit Fernmeldetechnik, Wetterstation und einem großen Panorama-Restaurant ausgestattet. Der Aufstieg zu Fuß ist nur etwas für Geübte, auch die Skiabfahrten ins Tal gelten als schwierig (**Säntis Luftseilbahn** auf der Schwägalp, Tel. 07 13 65 65 65, Fax 07 13 65 65 66, Internet: www.saentisbahn.ch, im Winter tgl. 8.30–17, im Sommer 7.30–19 Uhr).

Das österreichische Bodenseegebiet – wenig See und eine eigenwillige Bergwelt

Bregenz, fast 30 000 Einwohner groß, ist seit 1918 die Hauptstadt Vorarlbergs, des zweitkleinsten und westlichsten österreichischen Bundeslandes, und gleichzeitig das Bundesland mit dem höchsten Pro-Kopf-Einkommen in Österreich. Nur 28 km Bodenseeufer, das laut Gesetz nirgendwo privat ist, gehören zum Land, das sowohl an die Schweiz wie an Deutschland und Liechtenstein grenzt und bis zum Arlberg reicht. Zürich liegt näher als Wien – die **eigenwilligen Vorarlberger** waren schon immer ein bisschen separatistisch, und die Flüsse fließen hier nicht, wie es sich in Österreich gehört, in die Donau, sondern in den Rhein.

22 Bregenz   *Plan Seite 68*

Festspielstadt – munteres Leben im Dreiländereck und Theater in freier Natur.

Die Bregenzer Bucht liegt wie eine ›goldene Schale‹ unterhalb der hier jäh abfallenden Alpen. Ein Grabenbruch vor Millionen Jahren und Erosion haben ein reizvolles, manchmal bizarr geformtes Felsentheater um Bregenz herum geschaffen. Die Stadt allerdings ist schwer vom Durchgangsverkehr geplagt, auch wenn der 6,7 km lange Pfändertunnel Entlastung gebracht hat.

Geschichte   Brigantium war der Hafen für die römische Flotte und ein wichtiger strategischer Platz auf dem Weg nach Norden. 50 n. Chr. verlieh Kaiser Claudius Brigantium das Stadtrecht, doch gute 200 Jahre später kamen die Alemannen und vertrieben die Römer. Anfang des 7.Jh. begannen die irischen Missionare Kolumban und Gallus mit der legendenumwobenen Christianisierung. Ende des 8.Jh. stieg das Geschlecht der Udalrichinger (oder Ulriche), ab dem 10.Jh. als Grafen von Bregenz, zur entscheidenden Macht auf. Nach ihrem Aussterben kam Bregenz um 1150 an das Haus Montfort, das seinen Besitz jedoch im Jahr 1523 an die Habsburger verkaufte. Beliebt war die Herrschaft der Habsburger nicht, doch der ›Bund ob dem See‹ mit St. Gallen und Appenzell scheiterte. Nach einem bayerischen Intermezzo 1805–14 wurde Bregenz 1861 Sitz des

Bregenzer Festspiele

Seit 1946 sind die Opernaufführungen im Juli und August auf der Seebühne die **sommerliche Attraktion** *am Bodensee. Die Akustik ist natürlich nicht so wie in der Scala, aber es ist immer ein* **fulminantes Spektakel** *vor der mit der Sternennacht verschmelzenden Seekulisse, zu dem prominente Regisseure wie Jérôme Savary mit der ›Zauberflöte‹, David Pountney mit ›Fidelio‹, Götz Friedrich mit ›Porgy and Bess‹ oder Richard Jones mit ›La Bohème‹ beitragen. Wenn es regnet, finden die Aufführungen (nur für Käufer der sog. Hauskarten) im Festspielhaus statt. Zusätzlich gibt es* **Theatergastspiele** *im Theater am Kornmarkt und* **Konzerte** *der Wiener Symphoniker. Bei Führungen über die Seebühne (während der Saison 11, 15, 17 Uhr) kann man einen Blick hinter die Kulissen werfen.* **Kartenvorverkauf und Auskunft:** *Tel. 0 55 74/40 76, Fax 40 74 00, Internet: www.bregenzerfestspiele.com*

Die dickste Zwiebel am See – der Martins-turm ist das Wahrzeichen von Bregenz

Vorarlberger Landtags. Bei einer Volks-abstimmung nach Ende des Ersten Welt-kriegs votierten 80% der Bevölkerung – ohne Erfolg – für den Anschluss an die Schweiz.

Durch die Unterstadt

Die Silhouette von Bregenz hat mit dem Kunstkristall aus Glasschindeln von dem Schweizer Architekten Peter Zumthor eine neue Attraktion bekommen. Das **Kunsthaus Bregenz** ❶ (Karl-Tizian-Platz, Di–So 10–18, Do 10–21 Uhr, während der Festspiele auch Mo), kurz KUB genannt, präsentiert auf 1600 m² wechselnde Ausstellungen zeitgenössi-scher Kunst. Mittelpunkt der trubeligen **Unterstadt** ist der Kornmarkt mit der runden *Nepomukkapelle* und dem ehem. Kornhaus (1838), das zum *Theater* um-gebaut wurde. Einen Besuch wert ist das **Vorarlberger Landesmuseum** ❷ (Di–So 9–12, 14–17 Uhr), wo Funde von der Steinzeit bis zur Römerzeit, das Epona-Relief aus dem 1. Jh. mit der keltischen Pferdegöttin, karolingische Kunst, alte Möbel und Bauernstuben zu besichtigen sind. Glanzstücke der Gemäldesamm-lung bilden Teile des Feldkircher Annen-altars von Wolf Huber und Werke von Angelika Kauffmann. Bilder dieser Ende des 18. Jh. hoch geschätzten Porträtistin hängen auch im **Rathaus** ❸ schräg gegenüber. Diesem schließt sich die dem hl. Georg geweihte **Seekapelle** ❹ mit ihrer lustigen Zwiebelhaube an. Sie wur-de 1408 zum Gedenken an den Sieg im Appenzeller Krieg gestiftet, 1698 nach Plänen von Christian Thumb errichtet und bewahrt einen guten Renaissance-altar. Die Kapelle lag früher direkt am See.

Hügelauf, hügelab

Steil aufwärts geht es durch das bemalte Untere Tor in die seit der Römerzeit be-siedelte **Oberstadt** ❺, die einst die Burg der Bregenzer Grafen trug. Zwischen den aus dem 13. Jh. stammenden Resten der Stadtmauer, in die das barocke **Deuring-Schlössle** (1689) mit achteckigem Turm eingebaut ist, und den alten Häusern am

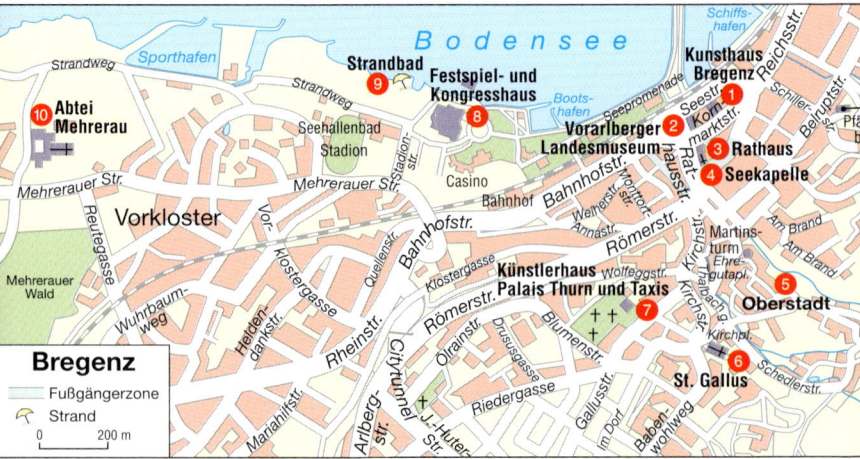

Platzmangel – eingeklemmt zwischen See und Pfänder ist die Bregenzer Unterstadt. Dahinter öffnet sich das verbaute Rheintal, das von den Schweizer Alpen gerahmt wird

Ehregutaplatz fühlt man sich fast in die Zeit von Hugo von Montfort (1357–1423) versetzt. Ein Denkmal erinnert an diesen letzten Minnesänger, der 1400 das später barock umgebaute Siechenspital (am Ende der Gallusstr.) stiftete. Mit Steilgiebel und Fachwerk beeindruckt das **Alte Rathaus** von 1662 in der Eponastraße. Weithin sichtbar ist der dicke **Martinsturm** (1602), das Wahrzeichen der Stadt. Er trägt eine mit Holzschindeln gedeckte Zwiebelhaube (1701) – angeblich die größte Europas – und steht auf den Mauern eines alten Speichers. Jetzt ist hier ein Militärmuseum untergebracht. Vom Turm lohnt die Aussicht auf Stadt und See. Die anschließende **Martinskirche** ist mit Fresken des 14. Jh. geschmückt.

Auf dem gegenüber liegenden kleinen Berg jenseits des Thalbachs liegt die Pfarrkirche **St. Gallus** ⑥. Der gotische Westturm mit dekorativ geschwungenem Giebel korrespondiert mit dem Martinsturm – geistliche und weltliche Macht. Die Kirche soll der hl. Gallus gegründet haben, sie ist jedoch erst seit dem frühen 14. Jh. bezeugt. Der gotische Bau wurde in der ersten Hälfte des 18. Jh. von Franz Anton Beer umgestaltet: ein breiter, fast gedrückt wirkender Raum, der aber durch heiteren *Stuck* des Wessobrunners

Abraham Bader und die Deckengemälde von Franz Ignaz Wegscheider belebt wird. Der prächtige *Hochaltar* zieht alle Aufmerksamkeit auf sich, vor allem die vier großen, 1740 von Johann Georg Brem geschnitzten Heiligenfiguren (rechts höchst lebendig St. Gallus mit seinem Bären). Großartig ist auch das reich geschnitzte *Chorgestühl* von Johann Joseph Christian (1742).

Vor dem Abstieg durch die altertümliche Kirchstraße lohnt ein Abstecher zum **Künstlerhaus Palais Thurn und Taxis** ⑦ (Gallusstr. 10, Tel. 4 53 05), einer großen Villa (1848) in angenehm schattigem Park mit seltenem Baumbestand, die immer wieder interessante Kunstausstellungen bietet.

Am See nach Kloster Mehrerau

Über die verkehrsreiche Bahnhofstraße erreicht man jenseits der Bahngleise die gepflegten Uferanlagen: ein Dorado zum Flanieren, Plauschen, Kaffee trinken. Vorbei an der imposanten Seebühne, dem **Festspiel- und Kongresshaus** ⑧ mit dem *Casino* (tgl. ab 15 Uhr) führt die aussichtsreiche Seepromenade zum **Strandbad** ⑨ (auch Hallenbad, Di–So 8–20 Uhr), zum Sporthafen und weiter zu der im 11. Jh. gegründeten **Abtei Mehrerau** ⑩. Im Zuge der Säkularisation

Lebendige Einkaufsstadt – die Fußgängerzone von Bregenz lädt zum Flanieren ein

wurden fast alle Bauten, darunter auch die großartige Barockkirche, abgerissen und zum Aufschütten der Hafenmole nach Lindau verkauft. Nur das von Franz Beer erbaute *Gasthaus zum Lamm* erinnert an die alte Zeit. 1854 siedelten sich wieder Zisterziensermönche an, die heute Landwirtschaft, eine Schule und die benachbarte Klinik betreiben. Die moderne *Kirche* mit ihrem offenen Dachstuhl besitzt ein Marmortabernakel von Hans Arp, in der Unterkirche sind noch die romanischen Grundmauern zu sehen. Herbert Albrecht gestaltete das Portalrelief mit Themen aus der Offenbarung.

Ausflüge

Etwa 3 km südwestlich, zwischen der Bregenzer Ache und der wegen des häufigen Hochwassers im Jahr 1900 künstlich angelegten neuen Rheinmündung liegt **Hard**, dessen Attraktion ein großes FKK-Gelände ist. Im Hafen des Ferienorts mit langer grüner Uferzone ankert der historische, liebevoll renovierte Schaufelraddampfer **DS Hohentwiel**, mit dem man nostalgische Schiffspartien unternehmen kann, mit Live-Musik und Gourmet-Diners (Auskunft Tel. 0 55 74/48 98 30).

Ein nostalgisches Erlebnis – mit dem Schaufelraddampfer DS Hohentwiel über den See

Im verschilften **Rheindelta** zwischen Neuem und Altem Rhein wird noch gemistet und gemostet, fast unberührt von der nahen Industrie. Hier wandelte einst Eduard Mörike, bewunderte das ›Amphitheater von nahen und fernen Bergen‹ und nahm Streusand vom Rheinufer nach Hause mit. *Rohrspitz* und *Rheinspitz* sind die ›Wetterwinkel‹ des Sees, weil hier der Föhn direkt von den Bergen einfällt – was besonders die Surfer an der Bucht schätzen. Was von dem früher dichten Auenwald geblieben ist, steht heute unter *Naturschutz*, an die 300 Vogelarten leben in dem großen Schilfgebiet. Schöne Wander- und Fahrradwege sind im weitflächigen Süßwasserdelta angelegt, besonders vergnüglich ist ein Ausflug im Mai und Juni, wenn zwischen braunem Ried Sumpfschwertlilien und Bodensee-Vergissmeinnicht blühen. Die dicht am Wasser gelegenen Wiesen können im Frühjahr schon einmal überflutet sein, im Sommer allerdings brütet die Sonne manchmal fast zu heiß.

Praktische Hinweise

Tel.-Vorwahl Bregenz: 0 55 74
Information: Bregenz-Tourismus, Bahnhofstr. 14, Tel. 4 95 90, Fax 49 59 59, Internet: www.bregenz.at

Hotels

***Deuring-Schlössle**, Ehregutaplatz 4, Tel. 4 78 00, Fax 4 78 00 80, Internet: www.deuring-schloessle.com. Romantisch in der Oberstadt gelegenes Schlösschen des 17. Jh., die Zimmer sind luxuriös mit altem Mobiliar ausgestattet. Renommiertes Restaurant.

****Schönblick**, Dorf 6, Eichenberg, Tel. 4 59 65, Fax 45 96 57, Internet: www.schoenblick.at. Komfortables Hotel mit Blick auf die Bregenzer Bucht.

Restaurant

Wirtshaus am See, Seepromenade 2, Tel. 4 22 10. Mit schöner Terrasse direkt neben der Seebühne gelegen; während der Festspiele bekommt man hier auch nach der Oper noch warmes Essen.

23 Pfänder und Gebhardsberg

Auf Adlers Höh.

Seit 1927 führt die *Pfänderbahn* (Talstation Steinbruchgasse, im Winter tgl. halbstündlich 9–18 Uhr, im Sommer bis 19 Uhr, Nov. geschl.) in 6 Min. hinauf auf den 1064 m hohen **Pfänder**, den Hausberg von Bregenz. Die 1995 modernisierte Kabinenseilbahn erregte zwar wegen des hässlichen Pfeilers in der Landschaft den Volkszorn, doch der prachtvolle *Blick* über den ganzen See und mehr als 200 Alpengipfel überwältigt und versöhnt. Oben steht nicht nur eine Riesenantenne, sondern auch ein Terrassenrestaurant. Eine besondere Attraktion ist die *Adlerwarte* (Mai–Sept. tgl. 11, 14.30 Uhr) mit Flugvorführungen ihrer Greifvögel. Auf dem halbstündigen Rundwanderweg durch den *Alpenwildpark* sind Hirsche, Mufflons und Stein-

TOP TIPP

Wallfahrtsziel auf schroffer Felsnase – der Gebhardsberg mit Restaurant und Kapelle

Schweben über dem See – Seitenblick aus der Pfänderbahn auf die Inselstadt Lindau

böcke zu erleben. Im Winter ist hier natürlich Skigebiet. Zu Fuß benötigt man gut 2 Std. – falls man nicht zu lange in eines der am Weg liegenden Wirtshäuser einkehrt! Vom Gipfel aus gibt es viele *Wanderwege* bis nach Scheidegg an der Grenze zum Allgäu. Auf halber Strecke, auch über eine steile Straße zu erreichen, liegt das Erholungsdorf *Eichenberg* am sonnigen Hang.

Ein beliebtes, per Straße erreichbares Ausflugsziel ist der **Gebhardsberg** (600 m), eine schroffe Felsnase am westlichen Ausläufer des Pfänderstocks. Er hat eine lange Geschichte, denn schon die Römer sollen an diesem strategisch günstigen Punkt einen Wachturm gehabt haben, mit herrlichem Blick in das von Bergriesen gesäumte Rheintal. Später wurde Burg Hohenbregenz gebaut, die der schwedische General Wrangel 1647 schleifen ließ. Der Legende nach soll hier der hl. Gebhard, Bischof von Konstanz (949–995), geboren sein, jedenfalls ist ihm die *Wallfahrtskapelle* (18. Jh.) geweiht. Die heutigen Besucher allerdings pilgern eher zum *Burgrestaurant*.

Praktische Hinweise

Tel.-Vorwahl Pfänder, Gebhardsberg: 0 55 74

Information: Pfänderbahn, Tel. 4 21 60, Internet: www.pfaenderbahn.at

Restaurants
Berghaus Pfänder, Tel. 42 18 40. Gipfelrestaurant mit schöner Terrasse.

Burgrestaurant, Gebhardsberg, Tel. 42 51 50. Unwiderstehliche Aussicht und delikate Küche mit frischesten Zutaten aus der bäuerlichen Nachbarschaft.

24 Schwarzenberg

Die gute alte Sommerfrische.

In Schwarzenberg trafen sich die alten Handelswege vom Rhein und Bodensee über den Arlberg nach Italien. Die stattlichen Holzhäuser um den Dorfplatz mit Schindeldächern und dem typischen Schopf, einem Vorbau fast wie ein Wintergarten, zeugen von einigem Wohlstand. Das alte bäuerliche Leben kann man im renovierten **Tanzhaus**, in dem früher auch Gericht gehalten wurde, und im hübschen **Heimatmuseum** (Mai–Okt. Di, Do, Sa, So 14–16 Uhr) am Ortsrand studieren, auch Leben und Werk von *Angelika Kauffmann* (1741–1807) sind dort dokumentiert. Die in Chur geborene Malerin stammte aus einer Schwarzenberger Familie und hat hier ihre Jugend verbracht. Sie war eine der bemerkenswertesten Frauen ihrer Zeit.

Die **Pfarrkirche**, 1757 erbaut und 1920 mit dem ›Weibertürmle‹ nach Westen erweitert, ist vom Friedhof mit schmiedeeisernen Kreuzen in geraden Reihen umgeben. An manchen Kreuzen hängen Tücher, schwarz für die Männer, weiß für die Frauen – eine hier noch gepflegte Tradition, um am Jahrestag an die Verstorbenen zu erinnern. Als die alte gotische Kirche abgebrannt war, wurde Angelikas Vater, Johann Joseph Kauffmann, mit der Ausgestaltung des Innenraums beauftragt. Er schuf die Seitenaltarbilder und die Kreuzwegstationen. Die *Apostelbilder* in den Stuckmedaillons darüber malte die 16 Jahre junge Angelika Kauffmann nach Stichen von Giovanni Battista Piazzetta. Auch als berühmteste Malerin ihrer Zeit in London und Rom vergaß sie ihre Heimat nicht – für ein Selbstporträt wählte sie die Bregenzerwälder-Tracht. 1802 schenkte sie das in Rom entstandene Gemälde der ›Krönung Mariens‹ für den Hochaltar der Kirche.

Ausflüge

Unweit von Schwarzenberg liegt das beliebte Skigebiet **Bödele** mit dem Hochälpelekopf (1464 m). Zu Beginn des 20. Jh. stand hier einer der ersten österreichischen Skilifte, und heute werden auch FIS-Rennen ausgetragen.

Wer sich für Käse interessiert, der mag ins nordöstlich gelegene **Hittisau** fahren und sich dort im *Alpsennereimuseum* (Verkehrsverein, Tel. 0 55 13/63 54) führen lassen – fast die Hälfte der österreichischen Käseproduktion kommt aus dem Bregenzerwald. Originell ist auch ein Fresko in der *Kirche*: Winston Churchill sitzt dort mit einem Geldsack in der Hölle.

Tel.-Vorwahl Schwarzenberg: 0 55 12
Information: Tourismusbüro, Tel. 35 70, Fax 29 02, Internet: www.tiscover.at/schwarzenberg

Hotel
**Hirschen, Hof 14, Tel. 29 44 0, Fax 29 44 20, Internet: www.tiscover.at/romantikhotel-hirschen. Romantikhotel in einem der schönsten alten Schindelhäuser am Dorfplatz.

Restaurant

TOP TIPP **Adler**, Tel. 29 66. Hier wird man mit angenehm raffinierter Küche in stilvoll renovierten alten Gaststuben oder unter Kastanien verwöhnt.

Angelika Kauffmann in einem Selbstbildnis in Bregenzerwälder-Tracht, um 1765/66

Der Bregenzerwald

Zwischen Bodensee und Arlberg, Ost- und Westalpen, durchflossen von der hellgrün sprudelnden **Bregenzer Ache***, liegt die ganz eigen geformte Bergwelt des Bregenzerwalds. Zwischen Kuhwiesen, Forellenbächen und Käsedörfern – man spricht von der* **Käsekammer Vorarlbergs** *– geht es noch durchaus ländlich zu, was auch durch ein ökologisches Tourismuskonzept unterstützt wird. Das früher schwer zugängliche, urwaldähnliche und nicht mit irdischen Reichtümern gesegnete Gebiet gehörte den Grafen von Bregenz und dann dem Kloster Mehrerau. Die eigenwilligen Wäldler erreichten später eine gewisse Form der Selbstverwaltung in der ›Bregenzerwälder Bauernrepublik‹ und kamen erst im 19. Jh. vollends unter das Regiment der Donaumonarchie.*

Alljährlich am 15. September findet der **Alpabtrieb** *der traditionell geschmückten Rinder mit einem bunten bäuerlichen Markt statt.*

25 Bezau und Bizau

Wanderungen zu Berggeistern.

Bezau im hier breiten Tal der Bregenzer Ache ist der größte Ort des Bregenzerwalds, von 1902 bis 1980 Endstation der **Bregenzerwaldbahn** (Auskunft Tel. 31 74), die jetzt wieder als Museumsbahn an den Wochenenden von Mai bis Oktober mit der Dampflokomotive U 25 von 1902 oder einer alten Diesellok auf der 760 mm schmalen ›bosnischen Spur‹ fährt. Ein Waggon wurde nach 120 Jahre alten Plänen rekonstruiert. Von Bezau nach Bersbuch und zurück dauert die nostalgische Fahrt 50 Minuten.

Im **Haus Nr. 43** wurde 1681 *Peter Thumb*, der große Barockbaumeister und Schöpfer der Birnau [s. S. 99] geboren. Vorarlberger Baumeister bestimmten zwischen dem 17. und 18. Jh. den Baustil rund um den Bodensee. Aus dem nahen Au stammt die Künstlerfamilie Moosbrugger, hier wurde auch 1605 Michael Beer geboren, der erste Meister und eigentliche Begründer der **Vorarlberger Schule**, Ahnherr einer ganzen Künstlersippe. Er initiierte auch die ›Auer Zunft‹, die gleichzeitig eine Art religiöser Bruderschaft war und sich vor allem um eine fundierte handwerkliche Ausbildung kümmerte.

Das Bezauer **Heimatmuseum** (Okt.– Juni Di Führung um 14 Uhr, Juli–Sept. Di, Do, Sa 15.30–17.30, Mi 10–12 Uhr) befindet sich in einem früheren Bauernhaus im Ortsteil Ellenbogen und ist der beste Ort, um die schönen Trachten, die Kunst und Wohnkultur des Bregenzerwalds kennenzulernen.

Steil nach Norden abfallend beherrscht die Felswand der **Kanisfluh** (2044 m) das ganze Tal. Den Gipfel erklimmt man in einer Tagestour ab Mellau, wo die Seilbahn zur Rossstelle einen Teil des Aufstiegs übernimmt, oder man steigt von der bewirtschafteten Edelweißhütte oberhalb von Au auf. Auch die Sonderachbahn zur **Baumgartenhöhe** (1631 m) eröffnet abwechslungsreiche Wandermöglichkeiten. Dazu sind rund um Bezau und Bizau verschiedene Sa-genwanderwege (¹/₂ bis 3 Std.) ausgeschildert, die den Spuren von Hexen und Geistern, Zwergen, Riesen und Drachen folgen.

Bizaus Attraktion ist die Doppelsesselbahn auf den Hirschberg. An der Mittelstation startet eine *Sommerrodelbahn* (bei trockenem Wetter 20. Juni– 19. Okt. tgl. 9–17 Uhr, Tel. 0 55 72/ 2 50 79), auf der man vergnüglich durch mehr als 70 Kurven bergab sausen kann. Von der Bergstation führt ein schöner Rundweg (2¹/₂ Std.) mit einem Alpen-Lehrpfad bis zur Bergspitze.

Im Einklang mit der Natur – Gäste der Schubertiade in Schwarzenberg

Schubertklänge in bezaubernder Landschaft

1976 gründete der Sänger Hermann Prey in Hohenems die **Schubertiade**, *eines der intimsten und künstlerisch anspruchsvollsten Festivals im Bodenseeraum. Schwarzenberg und Bezau im eigenwillig schönen Bregenzerwald sind jetzt das Zentrum meisterlicher Konzerte, ergänzt um ›Musikalische Landpartien‹ in die weitere Umgebung (Mai, Juni, Sept.). Bekannte Orchester und Solisten lassen dabei Musik von Franz Schubert und seinen Zeitgenossen erklingen.* **Information:** *Schubertiade GmbH, Tel. 0 55 76/7 20 91, Fax 7 54 50, Internet: www.schubertiade.at*

◁ **Oben:** *Eine eigenwillig geformte bucklige Welt – der Bregenzerwald bei Schröcken*

Mitte: *Pfänderblick zum Säntis – Bergketten versinken im dunstigen Abendlicht*

Unten: *Hirsche haben es gut im Alpenwildpark am Pfänder*

Praktische Hinweise

Tel.-Vorwahl Bezau: 0 55 14
Information: Tourismusbüro, Bezau, Tel. 22 95, Fax 31 29, Internet: www.tiscover.at/bezau

Geschnitztes und Gemauertes in Dornbirn – das reich ornamentierte Rote Haus (1634) und die klassizistische Tempelfront der Stadtpfarrkirche St. Martin (1840)

Hotel

TOP TIPP ****Hotel Gams**, Bezau, Tel. 22 20, Fax 22 20 24, Internet: www.hotel-gams.at. Großes, 1648 erbautes, renoviertes Haus am Ortsrand mit gepflegten, teilweise mit alten Möbeln eingerichteten Zimmern. Geheiztes Freibad und Tennisplätze im Garten.

26 Dornbirn

Messetrubel und Bergidyll.

Mit 42 000 Einwohnern die größte Stadt Vorarlbergs, ist Dornbirn ein wirtschaftliches und industrielles Zentrum mit wichtigen Messen für die Region. Stadt wurde Dornbirn erst 1901 durch Zusammenlegung mehrerer Dörfer. Kaiser Franz Joseph nahm hier 1881 die erste Telefonanlage der Donaumonarchie in Betrieb.

Man lässt sich am besten in der Fußgängerzone am **Marktplatz** für eine Tasse Kaffee nieder und bestaunt die *Stadtpfarrkirche St. Martin* (1840), die mit ihrer Säulenvorhalle, dem Fresko und dem Mosaik im Giebelfeld eher wie ein Theater oder Tempel wirkt. Blickfang linker Hand ist das berühmte *Rote Haus*, ein typisches Rheintaler Haus des 17. Jh. (heute Restaurant) mit reichen ornamentalen Verzierungen auf dem in Blockbauweise errichteten Obergeschoss.

Sehenswert ist die **Vorarlberger Naturschau** (Marktstr. 33, Di–So 9–12, 14–17 Uhr, Juni–Aug. auch Mo). Der Textilfabrikant Siegfried Fußenegger, ein leidenschaftlicher Sammler und Naturfreund, hat zwischen 1920 und 1940 die Vorarlberger Landschaft in 150 großformatigen Gemälden festgehalten, eine einmalige Dokumentation, ergänzt durch umfangreiche Sammlungen zur Fauna, Flora und Geologie des Landes, mit Umweltspielen und Computern für Kinder.

In der Gütlestraße startet eine Kabinenseilbahn, die in 5 Min. den 971 m hohen **Karren** erreicht, ein beliebter Treff der Drachenflieger mit schönem Blick in das Rheintal.

Ausflüge

Über Kühberg, Spätenbach und den Hohen Gang kann man in 2 Std. nach **Ebnit** wandern. Autofahrer nehmen vom Weiler Gütle aus die kleine Straße, die nach oben hin immer steiler und enger wird und durch Tunnel und Lawinenüberbauungen führt. Das Dörfchen, eine urige Sommerfrische, liegt 1075 m hoch auf sonnigem Plateau zu Füßen der Hohen Kugel. Vorher sollte man aber in der alten *Spinnerei* im **Gütle** zum ›english tea‹ einkehren und edle alte Staatskarossen samt der nachgebauten Originalwerkstatt im *Rolls-Royce-Museum* (April–Okt. Di–So 10–18 Uhr, Nov.–März 10–19 Uhr) bewundern.

Am Wirtshaus Gütle beginnt eine einstündige Wanderung zur imposanten **Rappenlochschlucht**. Die tosende Dornbirner Ache hat hier in Jahrtausenden eine mehr als 60 m tiefe Schlucht in den Fels gesägt. Über Steige und Stufen, die in den Fels geschnitten sind, spaziert man an Kaskaden und Wasserfällen vorüber und weiter, vorbei an der Staumauer des Staufensees und am Kraftwerk, zum **Alploch**, einer zweiten schmalen Felsenklamm mit fulminantem Wasserfall.

Grandiose Ausblicke erlebt schließlich, wer die nördlich von Dornbirn in grüner Höhe thronende barocke Wallfahrtskirche **Maria Bildstein** besucht.

Praktische Hinweise

Tel.-Vorwahl Dornbirn: 0 55 72
Information: Dornbirn Tourismus, Rathausplatz 1, Tel. 2 21 88, Fax 3 12 33, Internet: www.tiscover.at/dornbirn

Hotels

**Kurhotel Rickatschwende, Bödelestraße, Tel. 2 53 50, Fax 2 53 50 70, Internet: www.rickatschwende.com. Groß und in grüner Höhe gelegen, mit Hallenbad, Sauna und Tennisplätzen.

*Gasthof-Pension Dreiländerblick, Oberfallenberg 14, Tel./Fax 2 11 28. Freundliches kleines Haus auf dem Weg zum Bödele mit unwiderstehlichem Panoramablick.

Restaurant

Rotes Haus, Am Marktplatz 13, Tel. 3 15 55. Traditionelles Restaurant in einem typischen Rheintaler Haus des 17. Jh. (So geschl.).

27 Hohenems

Renaissancekultur und jüdisches Erbe.

Nur 6 km sind es zum so malerischen wie geschichtsträchtigen **Hohenems**, das durch den Ehrgeiz und die kluge Heiratspolitik der Grafen Ems/Hohenems zu einer wahren Lustlandschaft der Renaissance gemacht worden war. Davon zeugt noch das **Schloss** (Privatbesitz, nur von außen zu besichtigen) in der Ortsmitte – einer der frühesten profanen Renaissancebauten nördlich der Alpen. In dem 1603–19 von Martino Longo errichteten Gebäude, das fast wie ein Stück Italien inmitten der österreichischen Gebirgswelt wirkt, wurden 1755 und 1779 die Handschriften C und A des Nibelungenliedes gefunden und ursprünglich die Schubertiaden [s. S. 75] zelebriert.

Die mit dem Schloss verbundene, spitz behelmte **Pfarrkirche** bewahrt in ihrem klassizistischen Inneren einen figurenreichen Renaissance-Hochaltar, der um 1580 entstand und wohl aus der Werkstatt des Esaias Gruber stammt. Schöne Spaziergänge führen von hier zur mittelalterlichen Burgruine Altems und zum Schloss Glopper.

Über Kultleben, Alltag, Sprache und Geschichte der einst bedeutenden jüdischen Gemeinde am Ort informiert **TOP TIPP** sehr engagiert das **Jüdische Museum Hohenems** (Schweizer Str. 5, Di–So 10–17 Uhr). 1617 hatte Graf Kaspar den Juden, die am Aufblühen des Marktes maßgeblichen Anteil hatten, einen Schutzbrief ausgestellt. Aus Hohenemser Familien stammten beispielsweise die Schriftsteller Jean Améry, Regina Ullmann und Stefan Zweig.

Praktische Hinweise

Tel.-Vorwahl Hohenems: 0 55 76
Information: Tourismus & Stadtmarketing Hohenems, Schweizer Str. 10, Tel. 4 27 80, Fax 7 68 00, Internet: www.tiscover.at/hohenems

Hotel

**Gasthof Landhaus Schiffle, Radetzkystr. 38, Tel. 7 24 32, Fax 7 24 32 88, Internet: www.tiscover.at/schiffle. Gediegenes Haus am Ortsrand mit Restaurant.

Jüdisches Museum Hohenems: Thora-Schrein in der Villa Heimann-Rosenthal

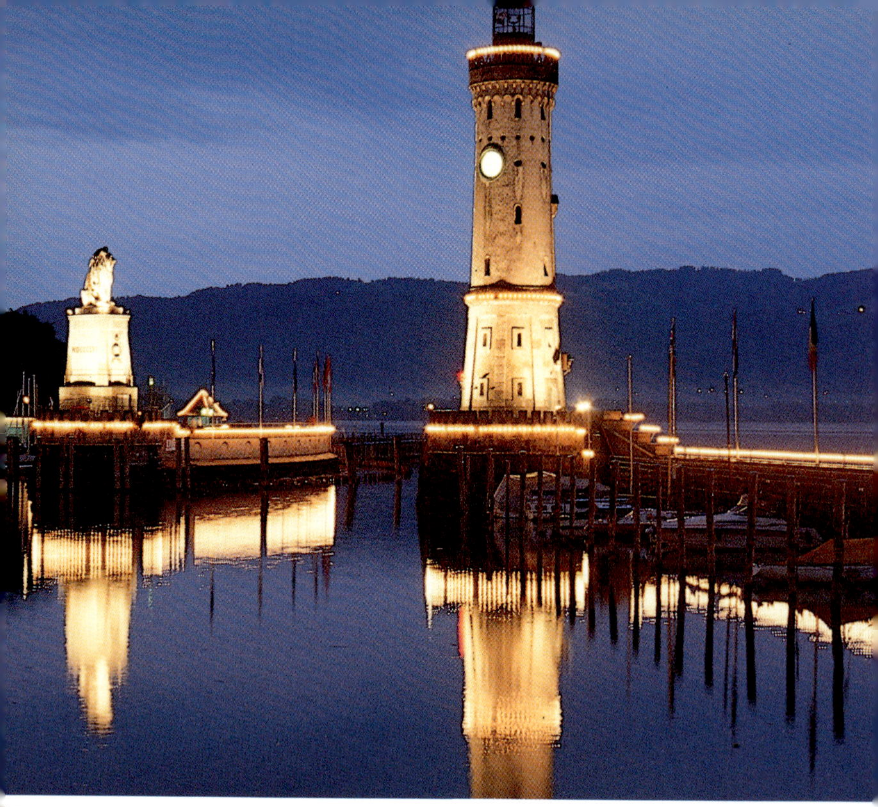

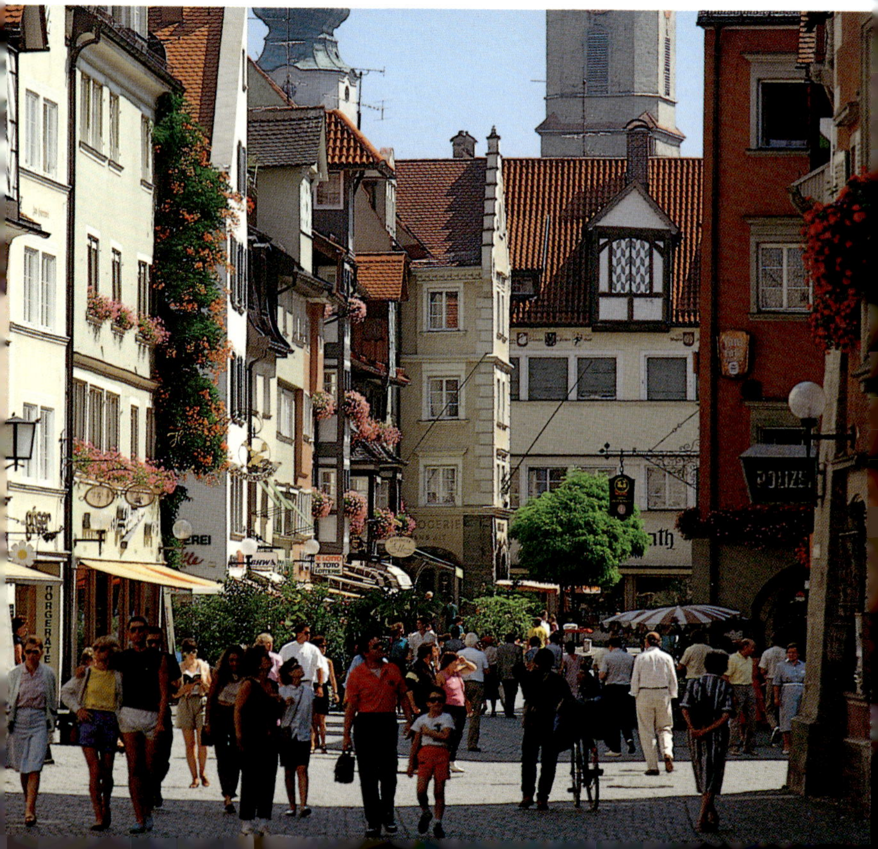
POLIZEI

Obersee und Überlinger See –
Obst und Wein am sonnigen Nordufer

Ein segensreiches Land mit »Hügeln, Auen, üppigem Wellenrauschen« sah die Dichterin Annette von Droste-Hülshoff von ihrem hohen Turmzimmer in der alten Meersburger Burg. Am sonnenverwöhnten Bodenseeufer zwischen Lindau und dem Überlinger See ist für Abwechslung und **Ferienspaß** gesorgt. Badevergnügen lässt sich ideal mit Schiffs- und Radtouren oder Spaziergängen durch romantische Städtchen verbinden.

Am **Lindauer Hafen** lädt der Bayerische Löwe zu einem Besuch, als Postkartenidyll präsentieren sich **Wasserburg** und das orientalisch-verspielte Montfortschlösschen von **Langenargen**, unvergesslich bleibt ein Bummel durch die Bilderbuchstadt **Meersburg**, lieblich über Rebzeilen thront die Wallfahrtskirche **Birnau**, Flaneure treffen sich auf der mondänen Uferpromenade von **Überlingen**.

  28 ## Lindau   *Plan Seite 80*

Seepromenade mit Alpenkulisse.

Dass man hier in Bayern ist, verrät der bayerische Löwe im Hafen. Die malerische Altstadt auf der Insel, nicht einmal 1 km² groß, Grenzstadt zu Österreich und Mittelpunkt des östlichen Bodensees, hat ein eigenes, fröhliches Flair – was nicht nur die vielen Besucher schätzen, sondern auch Nobelpreisträger aus aller Welt, die sich seit 1951 regelmäßig in Lindau treffen. Die ganze Altstadt steht unter Denkmalschutz, die meisten Lindauer (25 000 Einwohner) leben heute auf dem Festland.

Geschichte Seit uralten Zeiten eine Fischersiedlung, wurde auf der Insel im 9. Jh. ein Frauenkloster, das später reichsfürstliche Damenstift Unserer Lieben Frau unter den Linden, gegründet. Im 13. Jh. zur freien Reichsstadt erhoben, wurde Lindau als wichtige Station auf dem Handelsweg nach Italien durch

◁ **Oben:** *Das bayerische Tor zum Schwäbischen Meer – auch nachts hält der Löwe Wacht am Lindauer Hafen*

Unten: *Bummel durch Lindaus bunte Reichsstadtpracht der Maximilianstraße*

Salz- und Kornhandel wohlhabend und besaß die größte Flotte am See. Im 14. Jh. setzten die Bürger endgültig ihre Rechte gegen die Äbtissinnen des Klosters durch. Doch dass die Stadt sich der Reformation Zwinglis anschloss, war Kaiser Karl V. gar nicht recht – 1548 musste die Reichsstadt wieder katholisch werden. 1805 kam Lindau zu Bayern, und erst damals wurde aus den drei kleinen, mit Brücken verbundenen Inseln durch Aufschüttung eine Insel, die seit 1853 durch einen Straßen- und Eisenbahndamm mit dem Festland verbunden ist.

Vom Hafen zum Reichsplatz

An der Südspitze der Insel öffnet sich der 1812 angelegte und 1856 erweiterte **Hafen**. Hier begrüßt die zu Schiff Ankommenden aus 6 m Höhe der **Bayerische Löwe ❶**, das 1853–56 von Johannes M. Halbig aus 8 t Kelheimer Marmor geschaffene Wahrzeichen, und der **Neue Leuchtturm ❷**, von dem man nach Erklimmen der 139 Stufen aus 33 m Höhe eine fantastische Aussicht hat. Die von Möwen und Touristen wimmelnde Seepromenade mit ihren vielen Restaurants bewacht der Alte Leuchtturm, auch **Mangturm ❸** genannt – mit seinem spitzen bunt glasierten Ziegelhelm ein

Heiß geliebtes Besuchsziel Inselstadt – der Mangturm am Lindauer Hafen

beliebtes Bildmotiv. Er ist ein Überrest der Befestigung des 13. Jh., wozu noch Diebsturm, Pulverturm und die Pulverschanze hinter dem Bahnhof gehören.

Von der Seepromenade stadteinwärts kommt man zum *Reichsplatz* mit dem rotmarmornen **Lindavia-Brunnen**, der 1884 anlässlich des 20. Geburtstags von König Ludwig II. eingeweiht wurde. Oben steht Lindavia mit dem Lindenzweig, die Beschützerin der Stadt, die Beckenfiguren symbolisieren den früheren Reichtum Lindaus: Schifffahrt, Fischerei, Wein- und Ackerbau. Von hier blickt man auf die im 19. Jh. üppig historisierend bemalte Rückfront des **Alten Rathauses** ❹ mit schönem Treppengiebel, das, im Kern gotisch, 1576 im Stil der Renaissance umgebaut wurde. Noch prächtiger ist die Fassade am Bismarckplatz, wo Voluten die Giebel treppab rollen und eine überdachte Freitreppe (1587) mit der Darstellung der Zehn Gebote zum sog. Verkünderker emporsteigt. Der gotische Ratssaal, in dem Kaiser Maximilian 1496 Reichstag hielt, und die

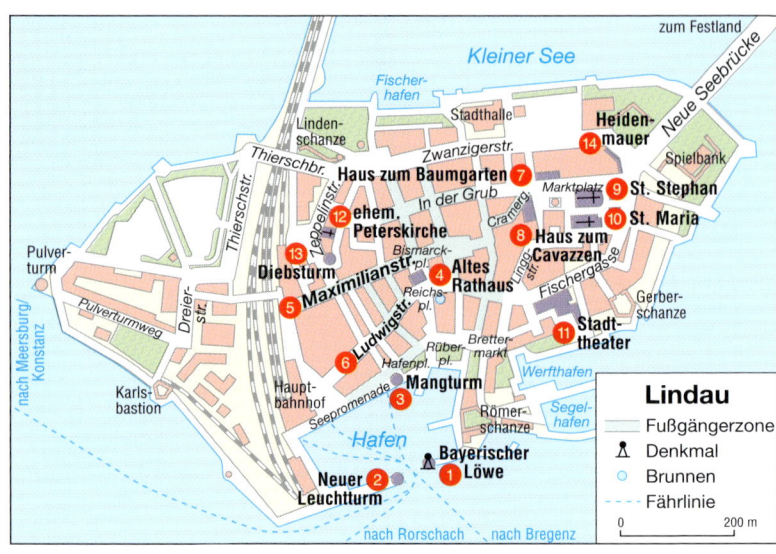

Reichsstädtische Bibliothek mit ihren Stadtchroniken und Stammbüchern sind Kostbarkeiten im Inneren.

Schmucke Fassaden und Kirchen

Der Bismarckplatz öffnet sich zur **Maximilianstraße** ❺. Lindaus Flanier- und Einkaufsmeile ist gesäumt von schönen Patrizierhäusern (16.–17. Jh.), meist aus Stein – das Fachwerk wurde in allen Farbnuancen zwischen Rot, Rosa, Gelb und Weiß überputzt. Typisch sind Laubengänge, die hier ›Brodlauben‹ heißen, Speichergiebel und verzierte Fenstersäulen. Im spätgotischen *Gasthaus zum Sünfzen* (die Experten sind sich uneins, ob dieses Wort von ›saufen‹ oder von ›Symposion‹ kommt) am östlichen Straßenende versammelten sich regelmäßig die Lindauer Kaufleute. Gegenüber stehen zwei erkergeschmückte Häuser aus dem 16. Jh. mit Krangauben und das *Haus zum Pflug* aus dem 14. Jh.

Auch in der südlich parallelen **Ludwigstraße** ❻ gibt es schöne alte Häuser zu bewundern. Nr. 14 war seit 1543 der Gasthof Krone, in dem nicht nur die Fürsten beim Reichstag wohnten, sondern auch der Philosoph Michel de Montaigne, der Schriftsteller August Strindberg und die Tänzerin Lola Montez.

Die Cramergasse leitet nach Osten zum **Marktplatz** – großzügig und zugleich behaglich, ein Musterbeispiel für den Stil einer wohlhabenden Reichsstadt. An der Nordseite prunkt das attraktive barocke **Haus zum Baumgarten** ❼ des Appenzeller Baumeisters Jakob Grubenmann. Von ihm stammt auch das besonders prächtige **Haus zum Cavazzen** ❽ schräg gegenüber (1728/29), dessen Fassade unter dem großen Walmdach über und über bemalt ist. Im Inneren befindet sich das sehenswerte **Städtische Museum** (April–Okt. Di–Sa 10–12, 14–17, So 14–17 Uhr) mit kuriosen mechanischen Musikinstrumenten, einer bemerkenswerten Möbelsammlung – vom Äbtissinnenzimmer aus dem 16. Jh. bis hin zum Jugendstil – und alten Stadtansichten. Die Gemäldesammlung besitzt ein Spottbild auf den Papst aus der Reformationszeit, Porträts der Äbtissinnen des Stifts und eigenartige Totentafeln. Unter den Bildern ist auch das Porträt der Friederike Karoline von Bretzenheim – tief dekolletiert und kokett mit Perlen im Haar. Die Äbtissin des Stifts, eine natürliche Tochter von Kurfürst Karl Theodor von Bayern und der Mannheimer Schauspie-

Farbenpracht am Lindauer Reichsplatz – Altes Rathaus und Lindavia-Brunnen

lerin Josepha Seyffert, legte ihr Amt nieder, um einen pfälzischen Grafen zu heiraten. Im 3. Stock werden Handwerk und Volkskunst dokumentiert.

Etwas erhöht liegen an der Ostseite des Platzes zwei Kirchen nebeneinander: die evangelische Stadtpfarrkirche **St. Stephan** ❾ mit einem schmiedeeisernen Balkon an der geschwungenen Fassade. Ihr Bau geht auf eine dreischiffige romanische Pfeilerbasilika des 12. Jh. zurück. Barock umgestaltet, sind die Altäre und der zarte Stuck eher von protestantischer Schlichtheit.

Die katholische Stadtpfarrkirche **St. Maria** ❿, früher Stiftskirche, hat nach dem Stadtbrand von 1728 Giovanni Gaspare Bagnato errichtet – ein bunter spätbarocker Raum mit prunkvollen Altären. Die 1987 eingestürzte Langhausdecke wurde inzwischen renoviert (samstags um 11 Uhr Marktkonzerte). In der umgebauten Barfüßerkirche südlich des Marktplatzes spielt jetzt das **Stadttheater** ⓫.

Fresken, Stadtmauern und Villen

Eine lebhafte Straße mit vielen Restaurants ist in der nördlichen Altstadt die **Grub**, in der früher die Schule und eine Hafnerei waren. Zwischen den Häusern Nr. 1 und Nr. 3 sieht man noch den alten Abflussgraben. Hinter dem Paradiesplatz liegt der Schrannenplatz mit der **ehem. Peterskirche** ⓬. Sie ist die älteste Kirche Lindaus und war dem Patron der

Eines der schönsten Bürgerhäuser am See – das Haus zum Cavazzen am Marktplatz

Fischer geweiht, die früher um diesen Platz lebten. Seit 1928 wird sie als Kriegergedenkstätte genutzt. Der schlichte Bau des 12. Jh. bewahrt als kostbaren Schatz an der nördlichen Langhauswand die um 1480 gemalten, einzigen erhaltenen *Fresken* von Hans Holbein d. Ä. Signiert hat der Maler sie im 12. Bild auf dem Ärmel des Kleides von Maria Magdalena. Die vornehmlich in blauen, braunen und weißlichen Tönen gehaltenen 18 Wandgemälde zeigen die Passion Christi und Szenen aus dem Leben des Kirchenpatrons. Das Fresko im Chor, eine ›Marienkrönung‹, schuf der Lindauer Maler Mathis Miller. Nahe der Kirche ragt der von Efeu überwucherte runde **Diebsturm** ⑬ auf, der von vier filigranen Ecktürmchen bekrönt wird. Er gehörte zur ehemaligen Stadtbefestigung und diente lange als Gefängnis. Der stimmungsvolle **Schrannenplatz** wirkt fast noch so, wie ihn Carl Spitzweg gemalt hat.

Die ehem. Peterskirche am Schrannenplatz schmückte Hans Holbein d. Ä. um 1480 mit Fresken der Passion Christi, hier ein Ausschnitt der ›Geißelung‹

Der Rückweg aufs Festland führt am besten über den Marktplatz und dann durch die Schmiedgasse, vorbei an der altersschwarzen **Heidenmauer** – anders als der Name sagt, ein Rest der staufischen Stadtbefestigung. Im Stadtpark gegenüber der Neuen Seebrücke wartet die **Spielbank** (tgl. ab 15 Uhr) auf Einsätze.

Das noble **Bad Schachen** auf dem Festland prägen ansehnliche Villen inmitten alten Baumbestands. Im 19. Jh. hatten sich hier bayerische Aristokraten in der Nähe des Prinzen Luitpold niedergelassen. Neben der alten *Badeanstalt* mit Holzhäuschen am Ufer gibt es hier zudem in der Villa Lindenhof die *Friedensräume* (Lindenhofweg 25, Mitte April–Okt. Di–Sa 10–12, 14–17, So 14–17 Uhr), Europas einziges Friedensmuseum, zu sehen.

Rien ne va plus! Irrtum – in der Spielbank Lindau rollt die Kugel bis 3 Uhr früh

Praktische Hinweise

Tel.-Vorwahl Lindau: 0 83 82
Information: Tourist-Information, Ludwigstr. 68 (am Hauptbahnhof), Tel. 26 00 30, Fax 26 00 26, Internet: www.lindau-tourismus.de

Hotels

***Bad Schachen**, Bad Schachen 1–5, Tel. 29 80, Fax 2 53 90, Internet: www.badschachen.de. Feudal im Grünen, mit Kurabteilung und Schönheitsfarm.

***Bayerischer Hof**, Seepromenade, Tel. 91 50, Fax 91 55 91, Internet: www.bayerischerhof-lindau.de. Ebenso wie die angrenzenden Hotels **Seegarten** und **Reutemann** unter gleicher Leitung renommiertes Haus mit großer Gartenterrasse direkt an der Seepromenade.

***Villino**, am Hoyerberg 34, Tel. 9 34 50, Fax 93 45 12, Internet: www.relaischateaux.fr. Exklusiv und ruhig, im hauseigenen feinen Restaurant wird eine ›Küche der Sinne‹ propagiert.

Restaurants

Hoyerberg Schlössle, Hoyerbergstr. 64, Tel. 2 52 95. Ein Gourmettempel, der auch wegen der prachtvollen Aussicht gerühmt wird.

Stift, Stiftsplatz 1, Tel. 9 35 70. Rustikale Küche, zentral gelegen, mit Biergarten.

29 Wasserburg

Wo der liebe Augustin die Seele baumeln ließ.

Die Kirche mit ihrem Zwiebelturm, der Staffelgiebel des gelben Pfarrhauses, das weiße Schloss und das Malhaus bilden eines der **bezauberndsten Ensembles** am Bodensee. Die pittoreske Halbinsel ist heute nicht mehr zu kaufen – früher jedoch wechselte sie mehrmals die Besitzer: 1386 erwarben die Grafen Montfort Wasserburg und übergaben sie 1592 für 63 000 Gulden an die Fugger, die die Halbinsel 1755 für 300 000 Gulden an die Habsburger abtraten.

Lange war Wasserburg eine nur über eine Zugbrücke zugängliche Insel, bis die Fugger 1720 den Seegraben zuschütten ließen – die reliefgeschmückte **Fuggersäule** am Zugang zur Halbinsel erinnert daran. Rechts erhebt sich das große **Schloss** (heute Hotel und Restaurant), dessen Fundamente auf eine befestigte St. Galler Kirchenburg des 9./10. Jh. zurückgehen. Die **Pfarrkirche**, im 14. Jh. erbaut, dann barock umgestaltet, ist innen im Empirestil eingerichtet. Viel stimmungsvoller ist der Friedhof, auf dem gleich links neben dem Eingang Horst Wolfram Geißler begraben liegt – Autor des 1921 veröffentlichten ›Der liebe Augustin‹. Übrigens: Der Schriftsteller Martin Walser wuchs in Wasserburg auf. Im weinumrankten **Malhaus** (Di–So

Ankunft im Malerwinkel – Wasserburg ein viel fotografiertes Bodenseemotiv

10–12, Mi, Sa zusätzlich 15–17 Uhr) von 1596 neben der Kirche ist das Museum mit einer interessanten Fischereiabteilung untergebracht. Da es früher Gerichtshaus der Fugger war, kann man auch die alten Gefängniszellen besichtigen.

Ausflug

Das fotogene Bodenseeidyll Wasserburgs ist am besten vom Malerwinkel aus über die Nonnenhorner Bucht zu bestaunen. **Nonnenhorn**, der südwestlichste Vorposten Bayerns, liegt sehr hübsch auf einer kleinen Halbinsel. Große alte Kastanien und Buchen spenden Schatten am Ufer, und im Ort weist der älteste erhaltene *Torkel* (1591) am Bodensee auf die alte Weinbautradition des Ortes hin. Den Müller-Thurgauer oder Grauburgunder sollte man probieren – am besten, wenn eine der Besen- oder Rädlewirtschaften geöffnet ist. Die kleine gotische *Jakobuskapelle* oben im Ort, beschattet von einem Mammutbaum, war einst Station am Weg der Jakobspilger. Vor der Kapelle erinnert ein Findlingsstein an die Seegfrörne von 1880, als der gesamte Bodensee unter einer dicken Eisdecke lag.

Praktische Hinweise

Tel.-Vorwahl Wasserburg und Nonnenhorn: 0 83 82
Information: Gemeinde, Lindenplatz 1, Wasserburg, Tel. 88 74 74, Fax 8 90 42, Internet: www.wasserburg-bodensee.de

Hotels
**Gasthof zur Kapelle, Nonnenhorn, Tel. 82 74, Fax 8 91 81, Internet: www.witzigmann-kapelle.de. Im alten Ortskern, ausgesprochen gemütlich und mit gepflegtem Restaurant.

**Hotel Lipprandt, Halbinselstr. 67, Wasserburg, Tel. 9 87 60, Fax 88 72 45, Internet: www.hotel-lipprandt.de. Neueres Haus in ruhiger Lage, mit Hallenbad, Strand und schöner Terrasse.

**Zum Lieben Augustin am See, Halbinselstr. 70, Wasserburg, Tel. 98 00, Fax 88 70 82, Internet: www.hotel-lieber-augustin.de. Hübsch altmodisches Haupthaus mit neuen Gästehäusern in ruhiger Lage.

Restaurant
Alte Weinstube Fürst, Kapellenplatz 2, Nonnenhorn, Tel. 82 03. Neben der Kapelle, mit kleinem Garten, rustikaler Küche und selbst gebranntem Obstler.

30 Kressbronn

Zwischen See und Obstplantagen.

Mit seinem großen **Strandbad** ist Kressbronn ein beliebtes Erholungsziel an der Mündung der Argen. Erst 1934 durch Zusammenlegung mehrerer kleiner Orte entstanden, war der Name nach 1967 in aller Munde, als sich unter Bundeskanzler Kurt Georg Kiesinger die Große Koalition zum ›Kressbronner Kreis‹ traf. Bekannt ist auch die **Bodan-Werft**, die seit 1919 die meisten Bodenseeschiffe und sogar Schiffe für Afrika baut.

In Gohren, an der alten Straße nach Langenargen, führt die älteste **Kabelhängebrücke** Deutschlands über den Fluss Argen. Die 130 m lange Brücke mit ihren vier hoch aufgemauerten Türmen ist ein wirklich sehenswertes Industriemonument. 1896–98 unter dem württembergischen König Wilhelm II. errichtet, machte das Modell auf der Pariser Weltausstellung im Jahr 1900 Furore.

Das idyllische Apfel- und Hopfenland um Kressbronn erschließt ein 2 km langer **Obstwanderpfad**. Zur Blütezeit im Frühjahr ist es besonders schön, über *Selmnau* mit der kleinen Antoniuskapelle nach Nonnenhorn zu wandern. Viele Wandermöglichkeiten gibt es in der bewaldeten Moränenlandschaft um die Argen, nach *Burg Gießen*, zur Gastwirtschaft in der alten Zollstation an der Gießenbrücke oder zum Strandbad am

Deutschlands älteste Kabelhängebrücke überspannt bei Kressbronn die Argen

Degersee, der im Wald zwischen verwunschenen kleineren Moorseen liegt, die auch bei Anglern beliebt sind.

Praktische Hinweise

Tel.-Vorwahl Kressbronn: 0 75 43
Information: Tourist-Information, Seestr. 20, Tel. 9 66 50, Fax 96 65 15, Internet: www.kressbronn.de

Kressbronn ist ein beliebter Ferienort inmitten großer Obst- und Weinkulturen mit weitem Seeblick bis zum eindrucksvollen Säntismassiv

Ausruhen oder sporteln – Badefreuden am Strand von Kressbronn

Hotels

**__Strandhotel__, Uferweg 5, Tel. 9 61 00, Fax 70 02. Ruhig und komfortabel, in den Anlagen am Ufer, mit eigenem Badestrand. Dazu gehört das Restaurant *Am Kretzergrund* mit Wildgehege und Fischwasser.

*__Hofgut Schleinsee__, Tel. 64 67, Fax 65 68. Ein richtiger Bauernhof mit Gutshaus und Ställen, neben der Kapelle über dem Schleinsee gelegen.

Restaurant

Gasthaus-Brauerei Max und Moritz, Berg, Tel. 65 08. Rustikale Einkehr zwischen Betznau und Gattnau mit selbst gebrautem Bier und musikalischen Wochenenden, die Brauerei kann besichtigt werden.

31 Langenargen

Kaffee im exotischen Schloss.

Ein orientalisches Lustschloss, ein kleiner Hafen, in dem ein Hotel neben dem anderen liegt, und der gediegen-schwäbische Marktplatz zum Promenieren – das knapp 6000 Einwohner große Städtchen hat sich ganz auf erholsamen Urlaub eingestellt.

Geschichte Bis Bregenz und Wangen reichte im 8. Jh. der Argengau, über den ein fränkischer Statthalter König Pippins herrschte. Zentrum und Gerichtsstätte

war Langenargen, das damals Argen hieß und eine Insel war. Der Platz war im 13.–18. Jh. Besitz der Grafen von Montfort, die hier eine Burg errichteten. Manufakturen, Büchsengießerei und Fernhandel machten die Stadt bis ins späte 18. Jh. reich.

Besichtigung Viel besucht und fotografiert ist **Schloss Montfort**, das an der Stelle der alten, im 19. Jh. verfallenen Burg Argen auf einer schmalen Landzunge im See liegt. Der württembergische König Wilhelm I. war kein Freund romantischer Ruinen, sondern Pragmatiker. Da ihm der Platz gefiel, kaufte er 1858 die Halbinsel und ließ sich nach dem Vorbild der Stuttgarter Wilhelma bis 1866 eine Sommerresidenz bauen. Halb maurisch, halb gotisch, aus braunen und gelben Ziegeln, gekrönt von einem hohen achteckigen Turm, entstand ein ganz erstaunliches Fantasiegebilde in herrlicher Lage auf einer Terrasse über dem See. Nach dem Tod Wilhelms I. übernahmen Königin Olga und ihre Schwiegermutter Pauline den Besitz, ab 1873 gehörte er Luise von Preußen, der Nichte Kaiser Wilhelms I., die hier ihre Sommerferien verbrachte. Das fürstliche Lustschloss steht heute als Kultur- und Kongresszentrum jedermann offen, und der Spaziergang zum Café gehört zu den liebsten Beschäftigungen der Besucher, hat man hier doch den weitesten See- und Alpenblick. Ein anderer schöner Weg führt am See entlang zur Argenmündung durch das Naturschutzgebiet Malerecke zum Segelhafen.

Langenargen hat aber noch mehr zu bieten. Vom alten Zollhaus am Hafen spaziert man zum **Marktplatz** und in die Obere Seestraße, in das kleine städtische Zentrum mit dem Gestelzten Haus, dem Montfortischen Amtshaus, dem Münzhof, Rathaus und der Rotgerberei, die alle aus dem 17. und 18. Jh. stammen. Schätze der barocken **Pfarrkirche St. Martin** (1718–22) sind das in mystisch leuchtenden Farben von Franz Joseph Spiegler gemalte *Schutzengelbild* (1724) und die *Rosenkranz-Medaillons* aus der Zürn-Schule in der kleinen Marienkapelle unter der Herrschaftsloge. Die Deckengemälde schuf Anton Maulbertsch, Vater des hier geborenen Franz Anton Maulbertsch (1724–1796), der mit 16 Jahren nach Wien ging und einer der Hauptmeister des österreichischen Rokoko wurde.

Im ehem. Pfarrhaus (18. Jh.) gegenüber der Kirche ist das **Museum** (Markt- str. 20, April–Okt. Di–So 10–12, 14–17 Uhr) untergebracht. Vor der kleinen Freitreppe erinnert eine Stele von Karl Caspar an den Maler Hans Purrmann (1880–1966), der 1916–35 sommers im Fischerhaus (Untere Seestr. 69) lebte und auf dem Langenargener Friedhof begraben ist. Ausdrucksstarke Bilder dieses mit Henri Matisse befreundeten Künstlers, dazu Kunst aus dem Bodenseegebiet fesseln die Aufmerksamkeit.

Von der Oberen Seestraße kann man einen kleinen Abstecher zur alten **Ge-** treide- und **Sägemühle** (Lindauer Str. 86) machen, deren große gusseiserne Mühlräder von 1882 noch erhalten sind.

Langenargen ist überdies Sitz des **Instituts für Seenforschung** und der **Fischbrutanstalt** (Argenweg, Auskunft Tel. 30 40), die sich besonders der vom Aussterben bedrohten Fische angenommen hat. Außerdem hegt man hier 150 000 Hechte und mindestens ebenso viele Seesaiblinge und Seeforellen.

Praktische Hinweise

Tel.-Vorwahl Langenargen: 0 75 43
Information: Verkehrsamt, Obere Seestr. 2, Tel. 93 30 92, Fax 46 96, Internet: www.langenargen.de

Hotels

***Hotel Löwen**, Obere Seestr. 4, Tel. 30 10, Fax 3 01 51, Internet: www.loewen-langenargen.de. Gleich neben dem alten Zollhaus am Hafen, mit komfortablen Zimmern.

Hotel Schwedi, (außerhalb, Richtung Eriskirch), Tel. 21 42, Fax 46 67, Internet: www.bodenseehotels.com/schwedi. Ruhig und direkt am See gelegen, mit Schwimmbad und Liegewiese, im Restaurant gute Fischspezialitäten.

Restaurant

Hotel Adler, Oberdorfer Str. 11, Tel. 30 90. Charmant das Milieu, exquisit die Küche – Bodenseefische isst man nur selten besser.

Schloss Montfort in Langenargen – ein maurisch maskiertes Märchenschloss

32 Eriskirch

Dorfidyll im verwunschenen Ried.

Hier liegt der Misthaufen noch mitten im Dorf, und wie es sich gehört, steht das alte Schulhaus, inzwischen Bürgerhaus, neben der Kirche. Im Mittelalter herrschten hier zunächst die Herren von Baumgarten, später dann die Konstanzer Bischöfe, die Eriskirch 1472 gegen den Willen der Einwohner an die Stadt Buchhorn (Friedrichshafen) verkauften.

Den neugotischen Spitzhelm der **Pfarrkirche Unserer Lieben Frau**, lange eine viel besuchte Wallfahrt, sieht man schon von weitem aufragen. Innen faszinieren die leuchtenden *Glasmalereien* im Chor, eine Stiftung der Grafen von Montfort (1408). Von ganz besonderem Interesse aber ist der *Freskenzyklus* aus dem frühen 15. Jh. mit liebevoll-realistisch dargestellten Szenen aus dem Alten und Neuen Testament in Chor und Langhaus. Eigenartig ist das Bild der Hostienmühle im vierten Bildstreifen an der Nordwand, in dem Maria das Christuskind in einen Mühltrichter legt.

Nahebei führt seit 1828 eine gedeckte **Holzbrücke** über die Schussen, die bei Eriskirch in den Bodensee mündet. Ein Dorado für Naturliebhaber ist das **Eriskircher Ried**, Brut- und Rastplatz für viele Vögel und geschütztes Gebiet für seltene Pflanzen. Am schönsten ist dieses Flachmoor im Mai und Juni, wenn die blauvioletten sibirischen Schwertlilien blühen. Durch das Ried leitet ein Fußweg zum Seeufer mit dem großen Strandbad. Führungen organisiert das *Naturschutzzentrum* (Tel. 8 18 88) im alten Bahnhof.

Gruselig wird es, wenn in Friedrichshafen die Wassergeister ausschwirren

Wo die wilden Kerle hausen

Das urtümliche Treiben der alemannischen Fasnet geht noch auf heidnische Traditionen zurück. Die Hexen und Hänsele, die während der närrischen Tage die Rathäuser stürmen, sollten einst den Winter vertreiben.

Die wohl beliebteste Figur ist der **Hänsele** *oder* **Blätzlebueb***, der seinen Namen von den ›Blätzle‹ bekam, den vielen schuppenförmigen Flicken, die auf das ›Häs‹ (Kostüm) genäht werden. An ihrem Harlekingewand erkennt man die ›***Gätterlett***‹, grün gekleidet sind die furchterregenden* **Wassergeister** *in Friedrichshafen. Viele bizarre Masken erinnern an ländliche Traditionen –* **Büllebläri** *(Zwiebelanbau auf der Höri),* **Strohglonki** *(Getreide),* **Schlehenbeißer** *(Schnapsbrennerei) – oder an alte Tiersagen.*

Fast jeder Ort hat seine eigenen Figuren, doch auch wenn man nicht genau weiß, was sie bedeuten – das schrille Maskentreiben ist ein faszinierendes Vergnügen für den Zuschauer.

Praktische Hinweise

Tel.-Vorwahl Eriskirch: 0 75 41
Information: Verkehrsamt, Schussenstr. 18, Tel. 97 08 22, Fax 97 08 77, Internet: www.eriskirch.de

Radfahrer sind willkommen im geschützten Eriskircher Ried

Die doppeltürmige Schlosskirche von Friedrichshafen schuf 1701 Christian Thumb

33 Friedrichshafen

Wo die Zigarren das Fliegen lernten.

Das württembergische Friedrichshafen ist eine geschäftige Industriestadt – das ist nicht zu verheimlichen. Die im Zweiten Weltkrieg wegen ihrer Rüstungsbetriebe bombardierte und stark zerstörte Stadt wurde seit den 1950er-Jahren wieder aufgebaut. Auch das Umland ist ziemlich zersiedelt. Dennoch – das 55 000 Einwohner große Friedrichshafen besitzt eine einmalige Attraktion, das Zeppelin Museum, und dazu eine gepflegte Uferpromenade mit Säntisblick.

Geschichte Friedrichshafen heißt die Stadt erst seit 1811, als König Friedrich von Württemberg die alte Reichsstadt Buchhorn mit dem Kloster Hofen zusammenlegte. Seit frühesten Zeiten besiedelt, war Buchhorn Sitz des mächtigen Geschlechts der Udalrichinger, das sich im 10. Jh. in die Linien Bregenz und Buchhorn teilte. Der Ort wurde erst welfisch, dann staufisch und 1275 Reichsstadt, hatte aber nie mehr als 500 Einwohner.

Die württembergischen Könige förderten Handel und Industrie. Ab 1810 wurde der Hafen ausgebaut und die ›Neustadt‹ zwischen Hofen und Buchhorn angelegt. Es war eine Sensation, als 1824 die ›Wilhelm‹, das erste Dampfschiff am Bodensee, vom Stapel lief und als dann 1847 die Eisenbahn nach Ulm

fuhr. Am 2. Juli 1900, als das erste von Ferdinand Graf Zeppelin gebaute Luftschiff aufstieg, begann für die Stadt eine neue Ära. Motoren- und Turbinen-Union (MTU), Dornier-Flugzeugbau, Zeppelin Luftschifftechnik und die Zahnradfabrik Friedrichshafen machen die Stadt heute zu einem wichtigen Industriestandort. Jetzt entsteht die neue Generation der ZEPPELIN NT-Luftschiffe, 1997 machte der LZN 07 seinen Jungfernflug (Auskunft Rundflüge, Tel. 0 70 09 37 72 01).

Besichtigung Wirbeliger Mittelpunkt der Stadt ist der **Hafenbahnhof**, der 1933 im Bauhausstil errichtet und nun zum **Zeppelin Museum Friedrichshafen – Technik und Kunst** (Seestr. 22, Nov.–April Di–So 10–17, Mai–Okt. Di–So 10–18 Uhr) umgebaut wurde. Auf 4000 m² wird die weltweit bedeutendste Sammlung zur Geschichte der Luftschifffahrt großzügig präsentiert. Über ein Fallreep darf man in ein 33 m langes, originalgetreu rekonstruiertes Teilstück des legendären LZ 129 ›Hindenburg‹ klettern und durch die komfortablen Passagierräume spazieren. An 30 Computerterminals können Besucher eine aufwendig gestaltete multimediale Reise durch Geschichte und Technik der ›fliegenden Zigarren‹ unternehmen. Einen interessanten Kontrast bilden die im Obergeschoss ausgestellten Kunstsammlungen vom Mittelalter bis zur Moderne.

Zeppelin Museum Friedrichshafen – Einsteigen in die riesige Teil-Rekonstruktion der ›Hindenburg‹ und der Illusion einer Zeppelinfahrt folgen!

Durch den Stadtgarten an der Uferstraße kommt man, vorbei am *Zeppelin-Denkmal* und dem *Jachthafen*, zum **Graf-Zeppelin-Haus** (Olgastr. 20, Kartenvorverkauf Tel. 7 20 71), dem modernen Kultur- und Kongresszentrum mit einer großen Café-Terrasse.

Wenige Minuten sind es von hier zum **Schulmuseum** (Friedrichstr. 14, Ecke Olgastr., April–Okt. tgl. 10–17, sonst Di–So 14–17 Uhr), in dem Lehren und Lernen seit dem Mittelalter anschaulich dokumentiert wird. Man sieht Klassenzimmer aus früheren Zeiten, alte Schulbücher und Rechenmaschinen und erfährt von drakonischen Strafen, von denen das Tragen einer Eselsmütze noch die mildeste Form war.

Von weitem schon grüßen die Zwiebeltürme der Schlosskirche auf der baumbestandenen Halbinsel am Westende der Friedrichshafener Bucht. Das ehem. Kloster wurde 1824–30 als königliche Sommerresidenz für König Karl und Königin Olga von Württemberg umgebaut. Die Dreiflügelanlage mit Binnenhof und Pavillons liegt in einem schönen Park am See und wird noch heute vom Haus Württemberg bewohnt. Zu besichtigen ist dagegen die 1695–1701 vom Vorarlberger Christian Thumb erbaute **Schlosskirche** (April–Okt. 9–18 Uhr, im Sommer Orgelkonzerte). Der Entwurf folgt dem Vorbild von Obermarchtal, das Bruder Michael Thumb geschaffen hatte. Mit seinem hohen Tonnengewölbe, den Wandpfeilern mit Seitenkapellen und hohen Emporen ist dieser Bau typisch für die Vorarlberger Schule. Meisterlich ist der weiße Wessobrunner *Stuck* von Johann Schmuzer und seinen Söhnen, ebenso qualitätvoll sind der Stuckmarmorhochaltar, die Gemälde der Seitenaltäre von Joseph Anton Feuchtmayer und das Chorgestühl von Martin Höfle (1701). Die Kirche, 1944 stark zerstört, wurde mustergültig restauriert.

Auch überregional viel beachtete **Messen** sind die EUROBIKE und INTERBOOT im Spätsommer. Die alte **Messehalle 9** (Meistershofener Str. 25, Tel. 7080) ist die Adresse für Großveranstaltungen, vor allem Rock- und Popmusik.

Praktische Hinweise

Tel.-Vorwahl Friedrichshafen: 0 75 41
Information: Tourist-Information, Bahnhofplatz 2, Tel. 3 00 10, Fax 7 25 88, Internet: www.friedrichshafen.de

Fähre: Die *Bodensee-Fähre* fährt etwa stdl. in 40 Min. nach Romanshorn (Auskunft Tel. 9 23 83 72).

Hotel

**Goldenes Rad, Karlstr. 43, Tel. 28 50, Fax 28 52 85, Internet: www.goldenes-rad.de. Freundliches Hotel in der Fußgängerzone, das älteste der Stadt, bei der Best Western Gruppe.

34 Hagnau, Kippenhausen und Immenstaad

Weinseligkeit – und ein Heiliger auf Reisen.

Beschaulich kauert das kleine badische Winzer- und Fischerdorf **Hagnau** zwischen fruchtbarem, sanft abfallendem Hügelland und der weiten Wasserfläche des Obersees, dessen Ufer hier in viele kleine Buchten ausfransen.

Die Dachlandschaft des Dorfes überragt die spätgotische, 1729 barockisierte Kirche **St. Johannes Baptist**, die im Inneren einige gute Schnitzereien des 15. Jh. aufweist. Allerdings fehlt der Kirche eine Figur – nämlich die des hl. Johannes, die seit der letzten ›Seegfrörne‹ 1963 in der schweizerischen Münsterlingen [s. S. 53] am gegenüberliegenden Ufer steht.

Malerische spätgotische sowie barocke **Fachwerk- und Steinhäuser** prägen den Ortskern, die auffallend vielen Kellertore sind typisch für das Weindorf. Dass am Wein auch die umliegenden Klöster interessiert waren, bezeugen die mächtigen erhaltenen **Amtshäuser** der Klöster Einsiedeln, Schussenried, Weingarten und Salem, der Irseer Hof und das Zehnthaus des Bistums Konstanz an der Schiffsanlegestelle, dazu noch eine alte **Baumtorkel** (Weinpresse) von 1747.

Mit Heinrich Hansjakob hatte die Gemeinde 1869–84 einen berühmten Pfarrer. Er gründete 1881 in Hagnau die erste *badische Winzergenossenschaft*, um der wirtschaftlichen Not der Weinbauern abzuhelfen. Hagnaus Pfarrer war auch zehn Jahre badischer Landtagsabgeordneter und vor allem ein volkstümlicher Schriftsteller. Der **Winzerverein Hagnau** (Weingarter Hof, Tel. 62 17, Fax 13 41) hat heute 129 Mitglieder, die auf rund 130 ha Fläche kontrolliert umweltschonend Wein anbauen.

Eine Attraktion zu Wasser ist ein Ausflug mit der **Lädine** (Auskunft Tel. 90 17 79), einem alten Lastensegler, auf dem Bodensee.

Oberhalb von Hagnau verbindet ein **Wein- und Obstwanderweg** schöne Landschaftserlebnisse mit Informationen über die verschiedenen Anbaumethoden. Der Weg führt weiter nach Frenkenbach und **Kippenhausen**. Hier kann man eine Pause im *Café-Museum zum Puppenhaus* (Kirchberger Str. 15, März–Okt. Di–So 10–18 Uhr, Nov.–Jan. Sa/So 14–18 Uhr, Café 10–23 Uhr, Tel. 0 75 45/65 10) einlegen und die hübsche Spielzeugsammlung ansehen oder in der rustikalen *Besenwirtschaft Reblandhof* (Mi–Mo ab 18 Uhr, Tel. 0 75 45/67 84) einkehren.

Dann ist es schon nicht mehr weit nach **Immenstaad**, ein zwischen Apfelplantagen und See gebettetes, viel besuchtes Ferienziel, das sich allerdings am Orts-

Des Winzers ganzer Stolz – Weinproben gibt es im Winzerverein Hagnau von Ostern bis Ende Oktober jeweils dienstags um 19 Uhr

*Meersburger Kulisse – über dem an-
steigenden Grün der Weinberge thronen
die Repräsentationsbauten der Konstanzer Fürstbischöfe, v.l.n.r. Neues Schloss,
ehem. Marstall und Priesterseminar* ▷

rand einige plattenbauähnliche Hoch-
häuser ins Nest gesetzt hat. Auch Fried-
richshafens Industrie hat sich bis an den
östlichen Ortsrand vorgearbeitet. Mittel-
punkte des Urlaubstrubels sind die zwei
Jachthäfen, die Uferanlagen, ein großes
Strand- und Hallenbad und der Fuß-
gängerkreisverkehr, an dem sich die
Straßen treffen. Die alte **Pfarrkirche St.
Jodokus** wurde 1982 mit einem asym-
metrischen Zeltdach modern umgebaut.
Sehenswert ist auch das **Schwörerhaus**,
ein schöner 400 Jahre alter Fachwerkbau.

Aus *Schloss Helmsdorf* (15. Jh.) am
Jachthafen im Osten wurde eine Schloss-
brauerei mit Biergarten und Freizeitzen-
trum, jenseits der B 31 thront über den
Weinbergen der Staffelgiebelbau des
Renaissanceschlosses *Hersberg*, und im
Westen – Richtung Hagnau – liegt
Schloss Kirchberg, ein ehem. Wirt-
schaftshof von Kloster Salem.

Tel.-Vorwahl Hagnau: 0 75 32
Information: Tourist-Information,
Seestr. 16, Tel. 43 43 43, Fax 43 43 30,
Internet: www.hagnau.de

Auf Schloss Hersberg leben heute Palottiner

Hotels

***Erbguth's Villa am See**, Meersbur-
ger Str. 4, Hagnau, Tel. 4 31 30, Fax
69 97, Internet: www.villa-am-see.de.
Komfortables kleines Garni – nur für
Nichtraucher.

Landhaus Kupferkanne, Neu-
gartenstr. 39, Hagnau, Tel. 44 10, Fax
75 53. Freundliche Zimmer.

Burgunderhof, Sonnenbühl 70, Tel.
4 31 00, Fax 43 10 43, Hagnau, Internet:
www.burgunderhof.de. Familiäres Haus
in den Weinbergen oberhalb von Hagnau – und vor allem ein Winzerbetrieb:
Andrea Renn baut seit 1990 Wein nur
noch ökologisch an, ihr Mann Heiner
destilliert edelste Brände, die man auch
in teuer gestylten Flaschen kaufen kann.

 **35** **Meersburg**

Schlösser, Weinberge, steile Gassen.

Das Städtchen, ein buntes, Museum
früherer Zeiten, präsentiert sich an jeder
Treppe, jedem Winkel und jeder Ecke mit
neuen zauberhaften Ein- und Ausblicken.

Geschichte Die ›Merdesburch‹ am
steil abfallenden Südhang des Seeufers
war wahrscheinlich schon unter Mero-
wingerkönig Dagobert im 7. Jh. eine be-

festigte Burg. Von 1210 bis 1802 gehörte sie fast ununterbrochen zum Konstanzer Bistum. Während der Bischofsfehde 1334 wurde sie von Kaiser Ludwig dem Bayern 14 Wochen lang belagert, erfolglos allerdings – obwohl hier zum ersten Mal in der Geschichte Schießpulver verwendet wurde. In der kleinen Fischersiedlung unten am See gab es seit 1233 einen regelmäßigen Markt, zu Beginn des 14. Jh. wurde die Unterstadt durch Aufschüttung vergrößert und ausgebaut. Dass die Bürger mehr Rechte von ihren bischöflichen Herren forderten, führte zu ständigen Reibereien. Doch nachdem Konstanz protestantisch geworden und der bischöfliche Hof deshalb 1526 nach Meersburg übergesiedelt war, blühte die Stadt auf. Der barocken Baulust der Fürstbischöfe verdankt die Stadt viel. Mit der Säkularisation versank Meersburg in einen Dornröschenschlaf, aus dem es rechtzeitig mit dem beginnenden Tourismus erwachte.

Besichtigung Wie in fast allen Orten am See bietet sich das schönste Bild bei der Ankunft vom Wasser aus. ›Es glänzt wie Meersburg‹ ist am Schweizer Ufer sogar eine Redensart geworden. Vom Schiff aus rückt die zauberhafte Kulisse immer näher, wachsen aus dem blauen Wasserspiegel die breit gelagerte barocke Pracht des Neuen und die wuchtigen Tür-

me des Alten Schlosses, dazwischen das bunte Giebelmeer der Häuser, alles eingebettet in das sanft ansteigende Grün der Weinberge.

Unterstadt – altersgraue Burg

Der **Wilde Mann** vor dem Unterstadttor, wo der alte Hafen lag, ist schon seit 1623 Hotel. Von hier geht es über die platanenbestandene **Uferpromenade** mit ihren kleinen biedermeierlichen Häusern in zarten Pastellfarben – in fast jedem hat sich mittlerweile ein Café oder ein Restaurant eingenistet – zum Hafen mit dem rötlichen **Gredhaus**. In diesem stattlichen Speicherbau von 1505 florierte einst der Handel mit Obst und Gemüse. Etwas oberhalb des westlichen Endes der Unterstadtstraße steht die kleine **Unterstadtkapelle** (14./15. Jh.) mit einem interessanten spätgotischen Schnitzaltar.

Zwischen gewaltigen Stütz- und Befestigungsmauern steigen Treppen zum **Alten Schloss** (März–Okt. tgl. 9–18.30, Nov.–Febr. 10–18 Uhr) hinauf. Eine Zugbrücke ermöglicht den Zugang in die älteste Wohnburg Deutschlands. Unten im tiefen Burggraben dreht sich das große oberschlächtige Wasserrad der Schlossmühle; das Droste-Denkmal und eine Gedenktafel für den letzten Staufer Konradin erinnern an zwei prominente Burgbewohner. Trutzig wirkt die Burg mit ihren vier Rundtür-

93

men und mit dem alles überragenden massigen Dagobertturm samt Treppengiebel. Durch einen gewölbten Gang kommt man zur Dürnitz mit 3 m dicken buckligen Mauern und weiter in den Palas mit der Schreibstube des Hofkaplans und der Küche. Über das barocke Treppenhaus ist das *Schlosscafé* mit einer hübschen kleinen Terrasse zu erreichen. Der Rundgang führt weiter durch das Schlafgemach des Burgvogts, den Fürstensaal und die Waffenhalle zum Lockvogelhaus, in dem bis 1760 die Jagdvögel gehalten wurden, zum Burgbrunnen und Hohenstaufengang – pures, etwas modriges Mittelalter. Ein 9 m tiefes Burgverlies, in welches die Gefangenen mit dem Seil herabgelassen wurden, und ein unterirdischer Gang zum See fehlen ebenso wenig wie die fürstbischöfliche Kapelle voller Wappenschilder.

Doch die Meersburg hat noch eine zweite Geschichte. 1838 erwarb Joseph von Laßberg die Burg. Nun konnte er alle seine Bücher und Handschriften standesgemäß unterbringen. Der Freiherr war ein bedeutender Forscher und Sammler, in dessen Bücherschränken die Nibelungenhandschrift C und der ›Schwabenspiegel‹ standen. Und er war der Schwager der *Annette von Droste-Hülshoff*, die 1841–48 als Gast im Schloss ihre be-

deutendsten Gedichte schrieb. Im runden Turmzimmer mit den pompejanischroten Wänden hatte die Dichterin den bezauberndsten Blick auf Alpen und See. Ihr kleines Bett im Sterbezimmer ist erhalten, dazu viele Familienbilder und Erinnerungsstücke. Die Töchter des Freiherrn von Laßberg verkauften die Burg an den Münchner Heraldiker Karl Ritter Mayer von Mayerfels. Seine Nachfahren besitzen sie noch heute. Im Sommer konzertieren die ›Carlina-Leut‹ im Renaissancesaal auf historischen Instrumenten bei Kerzenschein.

Oberstadt – Glanzstück Neues Schloss

Aus dem Mittelalter zurück, steht man nach wenigen Schritten vor dem alten **Domherrenhof** (1354) mit hohem Stufengiebel, der schon seit dem 17. Jh. eine Apotheke beherbergt.

An der doppelläufigen barocken Treppe gegenüber geleiten Putten zum **Neuen Schloss** (April–Okt. tgl. 10–13, 14–18 Uhr). Oben auf der Terrasse entfaltet sich ein traumhaftes Seepanorama, vor dem der kleine gelbe Gartenpavillon genau den richtigen Akzent setzt. Der Repräsentationslust barocker Kirchenfürsten konnte das dunkle und zugige Alte Schloss nicht mehr genügen. So be-

Im Alten Schloss in Meersburg hat Annette von Droste-Hülshoff »ein Götterleben geführt«, heute vermittelt das Museum ein Bild vom Alltag vergangener Jahrhunderte

Einer fürstbischöflichen Residenz würdig – das Treppenhaus im Neuen Schloss hat Franz Anton Bagnato nach Plänen Balthasar Neumanns gestaltet

gann Fürstbischof Franz Schenk von Stauffenberg um 1712 einen Neubau nach Plänen des baukundigen Benediktinerpaters Christoph Gessinger aus Isny, der das Gebäude in der Nähe der Burg auch fast vollendete. Ab 1730 stagnierten die Arbeiten, doch schon zehn Jahre später war Kardinal Damian Hugo von Schönborn als Bauherr an der Reihe – die Familie Schönborn, spöttelte man, war vom ›Bauwurmb‹ besessen –, der den großen Balthasar Neumann mit dem weiteren Ausbau betraute. Sein Werk ist vor allem der Mittelrisalit und das geräumige Treppenhaus. 1759–62 schloss Franz Anton Bagnato unter dem aus Meersburg stammenden Fürstbischof Conrad von Rodt alle Bauarbeiten am Neuen Schloss ab. Für die prunkvolle Innengestaltung waren Italiener und einheimische Künstler verantwortlich. Der lange dreigeschossige Bau in Rosa, gegliedert durch weiße Pilaster und den kräftigen Mittelrisalit, verkörpert mit Säulenportal und aufs Dach gesetzten Giebeln eine prunkvolle Herrschergeste der Fürstbischöfe. Nach Plänen Balthasar Neumanns wurde in den östlichen Eckpavillon die *Hofkapelle* eingebaut, deren Hochaltar, Fürstenloge und Dekoration Joseph Anton Feuchtmayer grandios gestaltete. Das Deckengemälde von Gottfried Bernhard Götz zeigt die Verehrung des Gnadenbildes in Einsiedeln, Hugo Damian von Schönborn ist als kniender Beter abgebildet. Das großartige *Treppenhaus* nach Entwurf von Balthasar Neumann, dekoriert mit Sandsteinvasen, Figuren und zierlichen Rokokogittern, leitet in den *Festsaal* im 2. Stock, den wiederum Joseph Anton Feuchtmayer zusammen mit Carlo Maria Pozzi meisterlich stuckiert hat. Die Deckenfresken mit den Vier Jahreszeiten malte Giuseppe Appiani. Im Spiegelsaal finden regelmäßig *Konzerte* statt. Auch die Konzerte vor dem Treppenhaus mit der Meersburger Knabenmusik, dem städtischen Jugendblasorchester in Barockkostümen, sind ein besonderes Erlebnis.

Im Schloss sind darüber hinaus die **Städtische Galerie** mit einer guten Sammlung Meersburger Maler – in den 1930er-Jahren war hier um Willy Seil-

Annette Freiin von Droste-Hülshoff (1797–1848), Porträt von Wilhelm Stiehl, 1820

Philologische Bohnenhülsen

Auf der **Meersburg***, die der begeisterte Altertumsforscher* **Freiherr Joseph von Laßberg** *gekauft hatte, trafen sich Schriftsteller und Vertreter der jungen Germanistik. Ludwig Uhland, Justinus Kerner, Gustav Schwab und manche heute vergessene Philologen waren darunter. Das* **gelehrte Treiben** *fand jedoch nicht die ungeteilte Zustimmung einer anderen Burgbewohnerin: »Altertümler, die in meines Schwagers muffigen Manuskripten wühlen wollen, sehr gelehrte, sehr geachtete, ja sehr berühmte Leute in ihrem Fach, aber langweilig wie der bittere Tod«, schrieb* **Annette von Droste-Hülshoff***, und klagte: »Schimmlig, rostig, prosaisch wie eine Pferdebürste; verhärtete Verächter aller neueren Kunst und Literatur. Mir ist zuweilen, als wandle ich zwischen trockenen Bohnenhülsen und höre nichts als das dürre Rappeln und Knistern um mich her... vier Stunden muss man mit ihnen zu Tisch sitzen und unaufhörlich wird das leere Stroh gedroschen.«*

nacht und Waldemar Flaig eine kleine Künstlerkolonie entstanden – sowie das **Dornier-Museum** mit vielen Modellen und Fotos, auch von den legendären Flugbooten, beheimatet.

Der östlich anschließende ehem. *Marstall* (Christoph Gessinger, um 1730) beherbergt heute das **Staatsweingut**, das einstige **Priesterseminar** nebenan dient als Gymnasium. Mit ihren prächtigen gelb, weiß und rosa schimmernden Schauseiten zum See runden sie das barocke Ensemble gelungen ab. Zwischen den beiden Gebäuden befindet sich der beliebte **Aussichtsplatz ›Känzele‹** mit herrlicher Sicht auf den Bodensee.

Museen und malerische Gassen

Über den großen Platz vor dem Schloss mit der klassizistischen Hauptwache erreicht man das **Weinbau-Museum** (Vorburggasse 11, April–Okt. Di, Fr, So 14–18 Uhr) mit einer großen Torkel von 1607 und dem 50 000 l fassenden ›Türkenfass‹.

Rund um den **Marktplatz** und in der **Steiggasse** stehen die besonders malerischen Häuser der Oberstadt – blumengeschmücktes Fachwerk überall, darunter das Rathaus mit dem Falbentor und das rote Haus des Hotel Löwen.

Die **Stadtpfarrkirche** oben an der Bundesstraße stammt aus dem frühen 19. Jh., am Turm sieht man noch Reste der Stadtmauer. Gegenüber im früheren Dominikanerinnenkonvent sind Bücherei und Verkehrsamt untergebracht, dazu die **Bibelgalerie** (Eingang seitlich in der Kirchstr. 4, März–Nov. Di–So 11–13, 14–17 Uhr) mit Bibelausgaben und -illustrationen aus aller Welt sowie Bibel-Computerspielen für Kinder. Im Hof befindet sich ein Kräutergärtlein.

Das rote **Obertor** (15. Jh.) mit seinem hübschen Stufengiebel war eine wichtige

Droste-Museum im Fürstenhäusle – als sei die Hausherrin nur eben mal hinausgegangen

Schmuckkästchen Meersburg – verwinkelte Gässchen und malerische Plätze zuhauf, ein Muss für alle Romantiker. Im Bild das Rathaus mit dem Falbentor

Durchgangsstation an der Straße von Nürnberg nach Konstanz. Auch Johann Wolfgang von Goethe passierte es 1788. Heute gehen die Besucher von hier über die Stettener Straße zum **Droste-Museum** (Stettener Str. 9, Besuch nur mit Führung, April–Okt. Mo–Sa 10–12.30, 14–17, So 14–17 Uhr) im Fürstenhäusle. Eine steile Treppe führt durch Buchsbaum- und Rebreihen direkt zum kleinen Haus mit den weißen Fensterläden. *Annette von Droste-Hülshoff* (1797–1848) ersteigerte den alten Fuggerschen Besitz 1843 mit ihrem ersten Autorenhonorar. Unten im Paradezimmer mit dem Hammerklavier kann man Familienbilder, eine Locke der Dichterin und auch ihre winzigkleine Handschrift bewundern. Das Miniaturporträt – und den hübschen Bauernschrank oben – malte ihre Schwester Jenny von Laßberg. ›Schwalbennest‹ nannte Annette die beiden Zimmer im 1. Stock, denn hier hatten vor ihrem Einzug tatsächlich Schwalben genistet. Es machte ihr Spaß, von hier oben das Treiben der Meersburger mit dem Perspektiv zu beobachten.

Der beliebteste Meersburger **Spaziergang** führt am See entlang Richtung Hagnau. Am Fuß der Weinberge liegt in einem alten Fachwerkhaus mit einer schönen Seeterrasse das **Weingut Haltnau** (Uferpromenade 107, Tel. 97 32, Do geschl.). Vorher kommt man an der **Hämmerle-Halle** vorbei, einem ehemaligen Fabrikgebäude direkt am See, in dem heute das Sommertheater ein buntes Programm bietet, und am benachbarten **Freibad**, das auch ein 33° Celsius warmes Thermalbecken besitzt.

Praktische Hinweise

Tel.-Vorwahl Meersburg: 0 75 32
Information: Gästeinformation, Kirchstr. 4, Tel. 4 31 10, Fax 43 11 20, Internet: www.meersburg.de

Hotels

*****Seehotel Off**, Uferpromenade 51, Tel. 4 47 40, Fax 44 74 44, Internet: www.hotel.off.mbo.de. Direkt am Jachthafen zwischen Weinbergen gelegen.

*****Strandhotel Wilder Mann**, Bismarckplatz 2, Tel. 9 01 10, Fax 90 14. Traditionshaus in historischem Gebäude mit riesiger Seeterrasse und Live-Musik.

****Gasthof zum Bären**, Marktplatz 11, Tel. 4 32 20, Fax 43 22 44, Internet: www.meersburg.de/baeren. Altdeutschgemütlich in grün umwucherten Mauern aus dem 17. Jh. Hier war die älteste Trinkstube der Stadt, dann die Zunftstube und später die Thurn & Taxis-Poststation.

Restaurants

3 Stuben, Winzergasse 1–3, Tel. 8 00 90, Fax 13 67, Internet: www.3stuben.de. Herausragende, italienisch inspirierte Küche in deutschem Fachwerk, auch ein gutes ***Hotel mit Gästehaus.

Winzerstube zum Becher, Höllgasse 4, Tel. 90 09. Regionale Küche.

36 Uhldingen-Mühlhofen

Ein Besuch in der Steinzeit.

Wo der Obersee in den Überlinger See übergeht, ist das Ufer besonders reich an Funden aus der Jungstein- und Spätbronzezeit. Um 2000 v. Chr. waren hier schon Fischer und Bauern in Pfahlbausiedlungen sesshaft. Auch die Römer hatten wahrscheinlich vor Uhldingen einen kleinen Hafen. Im Mittelalter gehörte der Ort den Fürstenberger Grafen und wurde zum Hafen für Heiligenberg [Nr. 41]. Heute lebt man hier preisgekrönt umweltbewusst – Autos und Blechbüchsen sollen außerhalb bleiben.

Der Hafenpromenade gegenüber, zum Greifen nahe, erscheint die Insel Mainau – die gleiche schöne Aussicht bietet bei freiem Eintritt auch das Strandbad zwischen Schiffslände und Pfahlbauten. Die meisten Besucher – es sind nicht wenige – kommen allerdings zur großen Attraktion von Unteruhldingen: dem **Pfahlbaumuseum** (April–Okt. tgl. 8–18, März, Nov. Sa, So 9–17 Uhr, Dez.–Febr. So 10–16 Uhr) in der kleinen Bucht. Die Pfahlbauten entstanden 1922 und 1931. Den Ausschlag für die Errichtung der Holzbauten gaben Ausgrabungen am Bodensee, an Schweizer Seen und im oberschwäbischen Federseemoor. So kann man heute auf Stegen über dem Wasser durch ein kleines Dorf der Jungsteinzeit (3500 v. Chr.) und ein bronzezeitliches (1050 v. Chr.) Dorf spazieren. Ob die Häuser am Bodensee einst tatsächlich auf Pfählen im Wasser standen, ist allerdings wissenschaftlich umstritten. Trotzdem macht es Spaß, sich in der pittoresken Anlage umzusehen und sich zeigen zu lassen, wie die Menschen früher am Bodensee gelebt haben. Die Häuser sind liebevoll hergerichtet und man erfährt, wie die Bewohner fischten und jagten, wie sie sich kleideten oder wie Getreide und Hülsenfrüchte angebaut und verarbeitet wurden. Bei Grabungen im Schlamm, auch vor Sipplingen, fand man Steinbeile, Nadeln aus Bronze, Tonscherben, Werkzeuge und Holzschalen. Diese Funde sind in dem kürzlich umgestalteten und erweiterten *Museumsgebäude* neben den Pfahlbauten ausgestellt.

Eine Reise in die Vergangenheit – die fantasievoll rekonstruierten Pfahlbauten in Unteruhldingen erzählen von den ersten Menschen am See

Praktische Hinweise

Tel.-Vorwahl Uhldingen-Mühlhofen:
0 75 56
Information: Tourist-Information,
Schulstr. 12, Tel. 9 21 60, Fax 92 16 20,
Internet: www.uhldingen-muehlhofen.de

Hotels

**Seehof, Seefelder Str. 8, Tel.
93 13 77, Fax 93 13 78, Internet:
www.seehof-info.de. Die schattige Terrasse des Hotels in einem der wenigen
älteren Häuser des Orts blickt direkt auf
den Hafen.

**Seevilla, Seefelder Str. 36, Tel.
9 33 70, Fax 93 37 70, Internet:
www.seevilla.de. Komfortable Depen-
dance des Hotel Seehof mit Restaurant,
Terrasse und Liegewiese sowie Sauna
und Fitnessraum.

 37 **Birnau**

>Tanzsaal des lieben Gottes< – Perle
des späten Barock.

Viel gerühmt ist die Schönheit der **Wallfahrtskirche St. Maria** des ehem. Salemer Filialklosters Birnau. Wie ein gra-
ziöses Schlösschen thront sie auf sanftem
Hügel über dem See zwischen Obstwiesen und Weingärten. 1746–50 vom
Vorarlberger Peter Thumb erbaut, von Joseph Anton Feuchtmayer mit Stuckaturen, Engeln und Heiligen überreich ausgestattet und von Gottfried Bernhard
Götz ausgemalt, wird die Birnau, einst
von den Salemer Äbten als Sommerresidenz genutzt, als schönstes Barockjuwel
des Bodensees gefeiert. Sie verkörpert eine Hochstimmung des Katholizismus zur
Zeit der Gegenreformation, aber auch
Prunk und Reichtum der Äbte des Zister-
zienserklosters Salem.

Aus der Schauseite am See steigt der
elegante, von zwei Pavillons des Priester-
hausflügels gerahmte Turm auf, eine Ma-
rienstatue von Feuchtmayer über dem
schön profilierten Portal. Die ganze Anlage wurde über T-förmigem Grundriss
errichtet. Im **Inneren** schließt sich dem
Langhaus mit einer Folge von Wandpfeilern und Fensterachsen – zusammenge-
schlossen durch eine ungemein luftige,
rhythmisch schwingende Empore – ein
schmälerer Chorraum mit runder Flach-
kuppel an, der im bühnenhaften Altar-
raum mündet. Ein ausbuchtendes Kapel-
lenpaar im Langhaus erweitert den Raum.

*Die Schönste am See – eine wichtige Station
an der Oberschwäbischen Barockstraße*

Welch ein Rausch aus Farbe, Licht und
Form! Chor und Schiff bilden eine fantastische Einheit, ja verschmelzen mit-
einander zu einem prunkvollen **Festsaal**.
Die überbordende Dekoration hat sich
hier emanzipiert: eine beschwingte Formenwelt, harmonisch bei aller Vielfalt.
Unzählbar sind die Putten, die den Raum
bevölkern. Am berühmtesten ist Feuchtmayers >Honigschlecker< rechts vorne
am Bernhardsaltar, der – exaltiert und
ungeniert – vorführt, wie süß die Worte
Bernhards, des großen Heiligen des
Zisterzienserordens, waren. Im Zentrum
des Säulen- und Baldachinaufbaus vom
prächtigen Hochaltar thront das *Gnadenbild* der Muttergottes (1430) – um-
schwebt von einem Wolken-Engel-
Bogen. Maria wird auch in den *Decken-
gemälden* verherrlicht. Gottfried Bernhard Götz zeigt sie im großen Deckenbild
in einer lichtdurchfluteten Säulenhalle
als Königin des Himmels, auch ihre Verehrung durch die Zisterzienser, sowie die
Äbte Stephan II. und Anselm II. als Bau-
herren der Birnau. Hier hat sich auch der
Maler mit Pinsel und Krücke verewigt –
er war bei den Arbeiten nämlich vom
Gerüst gefallen.

Barocker Überschwang – im ›Festsaal‹ der Birnau triumphiert das Ornament

Die Kirche diente nach der Säkularisation vorübergehend als Scheune. Max von Baden, der Besitzer von Salem, schenkte sie 1919 den Zisterziensern des Bregenzer Klosters Mehrerau, unter deren Obhut sie noch heute steht. Der malerische *Klosterhof Maurach* aus dem 17./18. Jh. unterhalb der Birnau war Wirtschaftshof des Klosters Salem.

Oberhalb der Kirche rauscht der Verkehr der viel befahrenen B 31 vorbei. Jenseits der Straße hat das 20. Jh. traurige Spuren hinterlassen: Auf dem **KZ-Friedhof** sind die Häftlinge aus Aufkirch bei Überlingen, einer Außenstelle von Dachau, begraben.

Zu empfehlen ist die abwechslungsreiche Wanderung (ca. 2 Std.) durch Wald und über Hügel nach Salem [Nr. 42]. Der **Prälatenweg** [vgl. S. 113] erinnert an die Route, die einst die Äbte nahmen, wenn sie zu ihrer Kirche am See ritten.

Salem [Nr. 42] · [vgl. S. 113]

Praktische Hinweise

Die Kirche ist tgl. ab 8 Uhr geöffnet. **Führungen** unter Tel. 0 75 56/9 20 30, im Sommer finden Konzerte statt.

Hotel

***Landhotel Fischerhaus**, Seefelden 2, Tel. 0 75 56/85 63, Fax 60 63. Ruhig und idyllisch in einem hübschen Fachwerkhaus mit eigenem Strand, das vorzügliche Restaurant kocht nur für Hausgäste.

 **38 Überlingen**

Mondäne Kuren, steinernes Mittelalter und ein wunderbarer Schnitzaltar.

Mit exotischen Pflanzen im Stadtgarten, einem sehenswert erhaltenen Kern mit Stadttoren, Fachwerk- und Patrizierhäusern, mit herausragenden Kunstwerken sowie dem eleganten Kur- und Promenadeleben zeigt sich die sympathisch-heitere 20 000 Einwohner-Stadt von ihren schönsten Seiten.

Geschichte   770 erstmals erwähnt, erhielt Überlingen um 1180 Markt- und Stadtrecht und entwickelte sich in der Folge zu einem wichtigen Platz an der Königstraße von Ulm nach Konstanz. Reichtum brachte der freien Reichsstadt (1268) Wein-, Korn- und Salzhandel. Mit dem Dreißigjährigen Krieg begann der Niedergang. Heute hat Überlingen sich mit Kneippkuren und Heilfasten zu einem renommierten Bad entwickelt, ohne den Charakter einer alten Reichsstadt verloren zu haben.

Besichtigung   Überlingen rühmt sich der längsten **Uferpromenade** am Bodensee. Sie beginnt am Hang im **Stadtgarten** mit seiner fast subtropischen Vegetation und schönen Ausblicken und führt durch den Kurgarten. Man bummelt vorbei an vielen Cafés, am spätgotischen **Zeughaus** (privates Waffenmuseum, der-

zeit geschl., Tel. 50 37) und am Landungsplatz am eindrucksvollen Grethhaus. Kurende Senioren, Eis lutschende Kinder und Schickeria lustwandeln bunt gemischt, es wird gefiedelt, geflötet und gemalt, gestrenge Polizisten patrouillieren – denn Rad fahren ist hier verboten. Am anderen Ufer des an dieser Stelle fjordartigen Sees schimmern die dicht bewaldeten Hügel des Bodanrück.

Den weiten Platz schmückt ein dekorativer **Brunnen** von Peter Lenk. Zwischen skurrilen Figuren hat der zeitgenössische Künstler den Schriftsteller *Martin Walser* als ›Reiter über den Bodensee‹ mit Schlittschuhen zu Pferde dargestellt.

Auffallend ist das große Grethhaus, kurz die **Greth**, breit hingelagert mit reliefgeschmücktem Rundgiebel im mächtig aufsteigenden Dach. Franz Anton Bagnato hat das alte Lagerhaus 1788 klassizistisch-elegant umgebaut. Nach der Sanierung sind hier die Tourist-Information, eine Markthalle, ein Kino und ein Café eingezogen. Nebenan im **Haus zum Faulen Pelz** bietet die Städtische Galerie immer wieder interessante Kunstausstellungen.

Prächtige Schnitzwerke

Nicht weit ist es zum hohen **Rathaus** (Eingang am Münsterplatz, Mo–Fr 9–12, 14.30–17, April–Okt. auch Sa 9–12 Uhr) mit dem **Pfennigturm** in der Münster-

Treffpunkt an Überlingens kilometerlanger Uferpromenade ist das Grethhaus (1788)

straße. 1492 wurde es nach italienischer Manier in Rustikaquadern vollendet. Es steht für den damaligen Reichtum der Bürger, der sich besonders eindrucksvoll im holzgetäfelten *Rathaussaal* dokumentiert: Unter der prachtvollen Decke stehen kleine Statuetten auf Konsolen, die vom Kaiser über Kurfürsten bis zu Grafen und Bischöfen die ständische Ordnung des damaligen Reiches symbolisieren. Betont realistisch sind die Gesichtszüge der Bauern im Vorraum. Jakob Ruess hat die Figuren 1492–94 geschnitzt.

Die steinerne Monumentalität des **Münsters St. Nikolaus** (14.–16. Jh.) überragt das Rathaus und prägt den Platz mit einem Ölberg (15. Jh.) in seiner Südwestecke. Stadtbeherrschend wirkt der hohe Münsterturm, dem oben noch

Bauernmarkt in Überlingen – ein beinah ländliches Idyll

ein achteckiges Türmchen mit nadelspitzer Haube aufsitzt. Der südliche Turmstumpf trägt die 8850 kg schwere, unvollendete Osannaglocke (1444). Die fünfschiffige Basilika, größte spätgotische Kirche der Bodenseeregion, überwältigt durch ihr Rautensterngewölbe und ihre reiche Ausstattung. Von vermögenden Patriziern wurden die vielen Renaissance- und Barockaltäre der Seitenkapellen gestiftet, darunter so beachtenswerte Werke wie der *Rosenkranzaltar* der Zürn-Schule oder der *Schutzengelaltar* (1634) von Jörg Zürn. Pilgerziel für Kunstliebhaber ist vor allem der monumentale **Hochaltar**, den Jörg Zürn 1613–16 zusammen mit Vater und Brüdern geschaffen hat: Ein Meisterstück der Schnitzkunst, das sich 10 m hoch aufbaut und in drei Teilen ›Mariä Verkündigung‹, ›Anbetung der Hirten‹ und ›Mariä Krönung‹ zeigt. Der Altar wird als bedeutendes Hauptwerk des Manierismus gepriesen. Die 22 lebensgroßen und rund 50 kleinen Figuren aus Lindenholz sind in der Isoliertheit, in der sie agieren, noch allerspätester Gotik verhaftet, doch künden die lebhafte Gestik und der individuelle Ausdruck bereits von der neuen Epoche des Barock. Vom selben Meister Jörg, der sich übrigens in der ›Anbetung‹ selbst als Hirte mit Hut in der Hand dargestellt hat, stammt auch das turmhohe *Sakramentshaus* aus Öhninger Kalkstein.

Spurensuche

Am Münsterplatz, nur wenige Schritte vom Rathaus entfernt, steht der Renaissancebau der früheren Stadtkanzlei, in der einst der Stadtschreiber amtierte und heute das Stadtarchiv untergebracht ist. Durch die schmale Luziengasse geht es Richtung Nordosten hinauf zum **Reichlin-von-Meldegg-Haus** (Krummebergstr. 30, Di–Sa 9–12.30, 14–17 Uhr, April–Okt. auch So 10–15 Uhr), einem gotischen Patrizierhaus mit einer Rustikafassade der frühen Renaissance, in dem sich das *Städtische Museum* befindet. Neben frühgeschichtlichen und römischen Funden, Gemälden, Puppenstuben und einer Krippensammlung faszinieren besonders die *Hauskapelle* mit vorzüglichen Skulpturen von Joseph Anton Feuchtmayer – Muttergottes, Christophorus (1750) und Anna Selbdritt – und der zweigeschossige *Festsaal* mit üppigem Wessobrunner Stuck (1695) von Franz Schmuzer.

Ein Meisterwerk des Manierismus – drei Jahre schnitzte die Familie Zürn am großartigen Hochaltar des Überlinger Münsters St. Nikolaus

103

Virtuos bewegt – Christophorus von Joseph Anton Feuchtmayer in Überlingens Reichlin-von-Meldegg-Haus

Unter den alten Steinhäusern in der Franziskanerstraße, westlich vom Münster, ragen der zinnenbestückte **Salmansweiler Hof** (1535) des Klosters Salem und die stufengiebelige **Spitalkellerei** heraus. Rechts erhebt sich das frühere **Franziskanerkloster** (tgl. 7–12, 14–18 Uhr), dessen Kirche mit einer sehenswerten barocken *Innenausstattung* aufwartet: Stuck und Hochaltar (hl. Laurentius und Engel) vom genialen Joseph Anton Feuchtmayer, das Deckengemälde mit Scheinarchitektur von Franz Ludwig Herrmann.

Beim gotischen **Franziskanertor** (1495) endete früher die Stadt. Der tiefe Graben ist heute begrünt und bildet mit den Häusern im Halbrund der früheren Stadtmauer ein schönes Ensemble. Nördlich davon, eingebaut in die Häuserflucht der Aufkircher Straße, steht die spätgotische **Jodokkapelle** mit interessanten Fresken des 15. Jh. (Schlüssel in der Buchhandlung nebenan). Biegt man vor der Jodokkapelle in das östliche Seitensträßchen ab, kommt man zum **Susohaus** (Susogasse 12, April–Okt. Mi–Mo 10–12, 15–17 Uhr), das Dokumente zu Leben und Werk des Mystikers Heinrich Seuse (1295–1366) ausstellt, auch wenn

die Wissenschaft inzwischen weiß, dass der Mönch nicht hier geboren wurde.

Ausflüge

Vor allem Familien werden sich gerne in **Bambergen**, wenige Kilometer nördlich von Überlingen, im *Haustierhof Reutemühle* (tgl. 10 Uhr bis zum Einbruch der Dunkelheit, Tel. 6 46 49) umsehen, in dem 120 Haustierarten mit ihrem Nachwuchs leben. Im Fachwerkhaus des Hofguts ist auch ein Restaurant eingerichtet.

Die kleine stimmungsvolle *Sylvesterkapelle* (10. Jh.) von **Goldbach**, neben den Bahngleisen an der Straße nach Sipplingen, birgt im Inneren Reste bedeutender Fresken aus ottonischer Zeit: im Chor die Darstellung der 12 Apostel, im Langhaus die Wunder Jesu.

Von Goldbach führt ein aussichtsreicher Spaziergang durch hüglige Wiesen zur **Gletschermühle**, einem in der Eiszeit ausgefrästen Strudelloch in Molassefelsen. Ernst Jünger, der 1936–39 in Überlingen lebte, ist diesen Weg oft gegangen. In seinem Roman ›Auf den Marmorklippen‹ ist eine schöne Schilderung dieser Landschaft nachzulesen. Über Waldwege geht es zum **Hödinger Tobel**, einer wildromantischen Felsschlucht. Von hier kann man bis nach Sipplingen weiter wandern.

Tel.-Vorwahl Überlingen: 0 75 51
Information: Kur- und Touristik GmbH, Landungsplatz, Tel. 99 11 22, Fax 99 11 35, Internet: www.ueberlingen.de

Hotels

**Romantik Hotel Johanniter-Kreuz, Andelshofen, Johanniterweg 11, Tel. 6 10 91, Fax 6 73 36, Internet: www.romantikhotels.com/ueberlingen. Ob in altem Fachwerk oder im neuen Haus Luisenhöhe – im ländlichen Idyll des hübschen Dorfes oberhalb von Überlingen wohnt man ruhig und komfortabel.

*Seegarten, Seepromenade 7, Tel. 91 88 90, Fax 39 81, Mit Gartenterrasse an der Seepromenade.

Restaurant

Bürgerbräu, Aufkircherstr. 20, Tel. 9 27 40. Kulinarische Köstlichkeiten in einem schönen Fachwerkhaus, mit Hotel.

Sorgt für beste Wasser-Werte – Mikrosiebanlage der Bodensee-Wasserversorgung

39 Sipplingen

Grandiose Seeblicke und die größte Fernwasserversorgung Deutschlands.

Das für sein schönes **Ortsbild** mit zwei Goldmedaillen dekorierte Dorf drückt sich malerisch an die bewaldeten Hänge des Sipplinger Bergs. Steile Gassen und saubere Fachwerkhäuser prägen den Kern Sipplingens, dazwischen ragen die mächtigen Walmdächer der geistlichen **Amtshäuser** auf: Konstanz, Salem und die Mainau hatten hier ihre Spital- und Klosterhöfe. Joseph Anton Feuchtmayer hat für die innen barockisierte **Pfarrkirche** zwei kostbare Plastiken der Kirchenpatrone St. Georg und St. Martin geschaffen (um 1753). Der getäfelte Saal im nahen **Rathaus** besitzt eine schöne Kassettendecke.

Viel Abwechslung bietet die **Erlebniswelt Sipplingen** (In der Breite 18, Ostern–Nov. tgl. 10–18, sonst Sa, So 11–17 Uhr), oberhalb des Freibads, wo in einer ehem. Fabrik drei Museen mit Modellautos und -eisenbahnen, mit Puppen und einer Reptilienschau groß und klein begeistern.

Eine etwa halbstündige Wanderung führt zur **Burgruine Alt-Hohenfels**, in der um 1200 der gelehrte Minnesänger Burkhard von Hohenfels lebte, ein Zeitgenosse des Walther von der Vogelweide. Leicht bergan geht es weiter zum **Haldenhof** (Tel. 0 77 73/56 13, Mo geschl.), einst Überlinger Spitalgut und jetzt ein idyllischer Gasthof mit umwerfender Sicht auf den tief unten dunkelblau schimmernden See.

Erdgeschichtlich Interessierte folgen dem zwischen Sipplingen, Haldenhof und Steinbalmen angelegten **Geologischen Lehrpfad**, der das geologische Profil der Landschaft und die Entstehung der Molasse (einer tertiären Schichtenfolge aus Konglomeraten, Mergel und Sandstein) erklärt. Die Einsichten in die Erdgeschichte werden auch hier von schönen Aussichten begleitet.

Wer in Stuttgart den Wasserhahn aufdreht, bekommt seit 1958 Wasser aus dem Bodensee. Die **Bodensee-Wasserversorgung** beliefert rund 3,5 Mio. Menschen in Baden-Württemberg mit dem sprudelnden Nass. Aus einer Tiefe von 60 m werden dem Überlinger See zwischen 4000 und 7000 l Wasser pro Sekunde entnommen. Über sechs große *Pumpen* wird das Wasser in die 310 m höher liegende Aufbereitungs-

105

anlage am *Sipplinger Berg* geleitet. Im Quellbecken der großen Kuppelhalle kommt das klare Tiefenwasser an. Von hier fließt es durch die rundum angelegten Mikrosiebe, die das Plankton entfernen. Eingebaut ist eine automatische Siebreinigung und unter jedem der zwölf Siebe eine Ozonwaschkammer. Das so gesiebte und ozonierte Wasser fließt in zwei unterirdische Zwischenbehälter, in denen das Ozon nachreagieren und ausgasen kann. Anschließend durchläuft es die große Zweischichtfilteranlage und kommt in den 38 000 m³ fassenden Reinwasserbehälter. Von hier gelangt das Wasser dann durch ein rund 1600 km langes *Rohrsystem* unter der Schwäbischen Alb hindurch nach Norden. Die technisch hochinteressante **Aufbereitungsanlage** (mittwochs Führungen auf Anfrage, Tel. 80 96 29), die größte in Deutschland, liegt versteckt im Wald bei Bonndorf. Und was den Besucher besonders interessiert: Das regelmäßig kontrollierte Wasser hat beste Werte.

Praktische Hinweise

Tel.-Vorwahl Sipplingen: 0 75 51
Information: Haus des Gastes, im Bahnhof, Seestr., Tel. 80 96 29, Fax 35 70, Internet: www.sipplingen.de

40 Bodman-Ludwigshafen

Landidyll abseits des Durchgangsverkehrs.

Beschaulich ist die Lage von **Bodman**, dem kleineren Teil der Doppelgemeinde Bodman-Ludwigshafen, am Westende des Überlinger Sees und zu Füßen des dicht bewaldeten Bodanrücks am Südufer. Selbst im Hochsommer geht es relativ ruhig zu, da hier die Autostraße endet. So ist der alte Ort ein hervorragender Ausgangspunkt für Wanderungen ohne Trubel – Erholung inmitten von Obstgärten und Rebhängen, entlang unverbauter Ufer, etwa zur wildromantischen Marienschlucht (ca. 6 km).

Am Ortseingang liegt am Hang das Atelier des zeitgenössischen Bildhauers *Peter Lenk* [vgl. S. 18 und 101]. Versteinerte Spießbürger sitzen auf der Bank und blicken verwundert auf einen kleinen Gartenteich mit einem kuriosen Sammelsurium von Plastiken. Blickfang des Ortes ist das elegante **Schloss Bodman**, das von einem öffentlichen Park umgeben ist. Eindruck machen auch das alte **Seetor**, der schöne **Torkel** von 1772 (heute Restaurant) und die renovierte **Fachwerk-Greth**. Schöne *Spazierwege* führen durch den Königsweingarten und weiter über den Obstwanderpfad zum Gütletal oder nach Wallhausen.

Ankern im Angesicht von Bodman – Freizeitkapitäne in Aktion

Die Grafen Bodman, schon seit dem 13. Jh. am Ort, leben heute in Schloss Bodman

Ludwigshafen, am nordwestlichen See-Ende Bodman gegenüber gelegen, hieß einst Sernatingen und war früher im Besitz der Stadt Überlingen. Es wurde 1826 umbenannt, als Großherzog Ludwig von Baden einen neuen Hafen anlegen ließ. Die Umgehungsstraße hat diesem Ort etwas Ruhe gebracht. Anziehungspunkt ist das als Gästezentrum schön renovierte alte *Zollhaus* mit seinen Jazzkonzerten.

Praktische Hinweise

Tel.-Vorwahl Bodman-Ludwigshafen: 0 77 73
Information: Tourist-Information, Seestr. 5, Bodman, Tel. 93 00 40, Fax 93 00 43, Internet: www.bodman-ludwigshafen.de

Schiffssonderfahrten mit Musik und auch Mondscheinpartien organisiert die Motorbootgesellschaft Bodman, Tel. 93 96 95, Fax 93 96 96

Hotels

**Seehotel Adler, Hafenstr. 4, Ludwigshafen, Tel. 9 33 90, Fax 93 39 39, Internet: www.abc-gastronomie.de. Mit Garten direkt am See neben der Schiffslände.

**Sommerhaus, Kaiserpfalzstr. 67, Bodman, Tel. 76 82, Fax 3 64, Internet: www.hotel-sommerhaus.de. Charmantes Garni in einer kleinen Villa direkt am Wasser mit eigenem Steg.

Restaurant

TOP TIPP **Torkelstube**, Am Torkel 4, Bodman, Tel. 77 77. Hinter rustikalen Lehm- und Fachwerkmauern verbirgt sich ein nostalgisch-gepflegtes Restaurant, in dem man vor gut sortierten Bücherwänden und bei Kerzenschein speist. Vorbestellung ist empfehlenswert!

Ethymologisches vom Bodensee

Der Bodensee bekam seinen Namen von der karolingischen Pfalz **Bodema** *(Potama), die an der Stelle der heutigen Pfarrkirche (mit karolingischen Grundmauern) lag. In einer St. Galler Urkunde von 890 wird der von den Römern Lacus Brigantinus genannte See erstmals als Lacus Podamicus erwähnt. Die Pfalz ging später an die* **Herren von Bodman** *über, die Schloss Frauenberg (13. Jh.) und Alt-Bodman (Ruine) am steilen Bodanrück bewohnten. Diese aussichtsreichen Orte sind in einer einstündigen* **Wanderung** *zu erklimmen. Heute leben die Grafen Bodman in dem attraktiven Biedermeierschloss im Ort Bodman.*

Im grünen Hinterland – prunkvolle Schlösser und heimelige Reichsstädte

In der hügeligen Wald- und Wiesenlandschaft oberhalb des Sees kann man noch frische Luft und **ländliche Stille** wie in der guten alten Sommerfrische genießen. Viele noch nicht überlaufene, kleine Orte sind zu entdecken, ideal zum **Ausspannen** und **Wandern**. Hier wächst der Hopfen an langen Stangen, und die Äpfel gedeihen wie im Paradies, die Küche bietet deftig-schwäbischen Genuss. Streuobstwiesen, Felder, Wald und kleine Weiher prägen das Bild der Landschaft, die sich vom Linzgau bis an den westlichen Rand des Allgäus erstreckt. Es sind Landschaften zum Verlieben, mit immer wieder fantastischen See- und Alpenblicken, mit hübschen mittelalterlichen Städtchen wie **Wangen** oder **Isny**, mit barocker Pracht in **Weingarten**, alter Klostertradition in **Salem** oder kühnen Schlössern wie in **Heiligenberg**.

41 Heiligenberg

Frische Höhenluft und ein bedeutendes Renaissanceschloss.

Viele Sagen ranken sich um den heiligen Berg, der wegen seiner herausragenden Lage wohl eine alte Kultstätte war. Eine alte **Legende** erzählt von der Kaiserin Helena, die einem deutschen Edelmann einen Splitter vom Hl. Kreuz gegeben haben soll, damit hier eine Kapelle gebaut würde, eine andere, dass hier die Schweizer Heiligen Felix und Regula den Märtyrertod erlitten.

Das Gebiet der mächtigen Grafen von Heiligenberg umfasste einst den ganzen Linzgau. Graf Arnold gelang es sogar, den Bischof aus Konstanz zu vertreiben. Der letzte der Familie verkaufte 1277 die Burg an Hugo von Werdenberg, und über diese Linie kam Heiligenberg im 16. Jh. an das Haus Fürstenberg. Die fürstliche Familie nutzt das **Schloss** (Ostern–Juni, Mitte Aug.–Okt. tgl. 9.30–11.30, 13–17.30 Uhr) noch heute als Sommerresidenz. Traumhaft ist die **Lage** in exponierter Höhe auf einem steil abfallenden Bergvorsprung über dem Salemer Tal. Nie zerstört, gehört Heiligenberg zu den schönsten Renaissanceschlössern in Deutschland. Zum Städtchen hin liegen die Wirtschaftsgebäude, vom frei stehenden Glockenturm im Vorhof sieht man, wie der Grundriss des Schlosses der Form des Felsens folgt. Joachim von Fürstenberg war es, der die mittelalterliche Burg um 1570 in ein modernes Schloss verwandeln ließ. Als Baumeister engagierte er den Landsberger Jörg Schwartzenberger. Die viergeschossigen Laubengänge samt Prunkportal am nördlichen Flügel des rechteckigen **Innenhofs** repräsentieren ganz den neuen Stil.

Alle wichtigen Räume liegen gegen Süden, so auch der **Rittersaal**, das 36 m lange, 10 m breite und 8 m hohe Prunkstück des Schlosses. Diesen großartigen Festsaal überspannt eine wohl einmalige *Kassettendecke* aus verschiedenen Edelhölzern, die – eine technische Meisterleistung – frei am Dachstuhl aufgehängt wurde. Darstellungen sowohl christlicher wie antiker Themen, höchst fantasievoll ausgeführt, füllen die reich gerahmten Deckenfelder. Ganze 22 Jahre benötigte Schwartzenberger mit seinen Helfern für dieses Wunderwerk der Schnitzkunst. Altären gleich, bauen sich an den Stirnseiten die üppig dekorierten *Kamine* aus Sandstein (1584) von Hans Morinck auf. Die großen Fenster – einige sind mit Wappenscheiben verziert – lassen viel

◁ *Kunstvolle Schnitzereien in der Kapelle von Heiligenberg*

109

Licht in den Saal: Hier hat sich das Mittelalter endgültig verabschiedet.

Den Besuch der doppelstöckigen **Kapelle** über der Fürstengruft sollte man ebenfalls nicht versäumen. Sie wirkt überwältigend bunt. Die farbig gefassten *Schnitzereien* an Decke und Orgelempore schuf der Biberacher Hans Dürner 1586, die figurenreichen Schnitzereien an den Emporen etwas später Hans Ulrich Glöckler. In die Fenster wurden leuchtende Glasbilder des 15. und 16. Jh. aus der Konstanzer Dominikanerkirche eingesetzt. Die kleinen Gemälde an den Seiten sind Nachbildungen von Albrecht Dürers ›Kleiner Kupferstichpassion‹, um 1600.

Der Heiligenberg schenkt seinen Besuchern dazu atemraubende **Ausblicke** auf den Bodensee und weit ins Land. Die Umgebung ist reich an schönen **Wanderwegen**. Durch Buchenwald und vorbei am Schweizer Haus kann man mit immer wieder weiten Aussichten (unter Missachtung der Bausünden der Siedlung Trillenbühl) zur **Waldklause Egg** gehen. An der Straße muss man sich entscheiden – entweder weiter nach **Betenbrunn** zu wandern, einem alten Wallfahrtsort, oder über die **Amalienhöhe** zurück nach Heiligenberg. Die Linden dort haben Fürst Karl Egon II. und seine

Gemahlin Amalia gepflanzt – für jedes der sieben Kinder eine.

Für weitere Abwechslung sorgt mit diversen Konzertveranstaltungen von Juli bis September der *Heiligenberger Musiksommer*.

Praktische Hinweise

Tel.-Vorwahl Heiligenberg: 0 75 54
Information: Tourist-Information, Schulstr. 5, Tel. 99 83 12, Fax 99 83 29, Internet: www.heiligenberg.de

Hotels

Berghotel Baader, Salemer Str. 5, Tel. 80 20, Fax 80 21 00, Internet: www.hotel-baader.mdo.de. Haus der Silence-Gruppe am Ortseingang, mit Hallenbad und gutem Restaurant.

*Hotel Post**, Postplatz 2, Tel. 2 08, Fax 96 64, Internet: www.post.heiligenberg.de. Einfache Zimmer, freundlicher Service und eine einmalige Aussicht.

Restaurant

Restaurant de Weiss im Hohenstein, Postplatz 5, Tel. 7 65. Kunst und Küche ist die Devise – an den Wänden hängen die Bilder der Gastgeberin.

Schloss Heiligenberg – Renaissancemonument in grandioser Höhenlage

Geschnitzte Pracht in Heiligenberg – der wohl schönste Renaissancesaal nördlich der Alpen

42 Salem

Neues Leben im alten Kloster.

Wo das Tal der Aach sich weitet, liegt mitten im satten Grün, zwischen Wäldern, Wiesen, Weihern und munter fließenden Bächen das große graue Münster in seiner zisterziensischen Strenge, in auffallendem Kontrast zum strahlenden Barock der Klosterbauten.

Bekannt wurde Salem vor allem durch seine **Internatsschule**, die Prinz Max von Baden, der letzte Reichskanzler des wilhelminischen Kaiserreichs, 1920 in den ehem. Klostergebäuden einrichtete. Nach dem Ersten Weltkrieg sollte hier nicht nur Bildung, sondern auch Demokratie und soziale Verantwortung vermittelt werden. Fast revolutionär für die damalige Zeit war es, dass Mädchen und Jungen gemeinsam unterrichtet wurden und dass die Schule nicht konfessionsgebunden war. Unkonventionelle liberale Methoden und viele prominent gewordene Schüler wie Prinz Philip, Golo Mann, Theodor Heuss, Hildegard Hamm-Brücher oder Elisabeth Noelle-Neumann machten die Schule weltweit berühmt. Der Sekretär von Prinz Max, der engagierte Pädagoge *Kurt Hahn*, begann mit 25 Schülern, heute sind es 500, von denen die Mittelstufe in Salem, die anderen in Burg Hohenfels und Schloss Spetzgart unterrichtet werden. Die jahrelangen Querelen zwischen der Schule und dem Haus Baden haben inzwischen ein glückliches Ende gefunden. Im Neubau des Salem College in Überlingen kann in Zukunft neben dem Abitur das Internationale Bakkalaureat abgelegt werden.

Geschichte Der Linzgauer Adlige Guntram von Adelsreute schenkte dem Zisterzienserorden das Dorf Salmannsweiler, das Mönche aus dem Elsass besiedelten. Erster Abt wurde 1138 der

Schloss Salem – das ehemals bedeutendste Zisterzienserkloster Süddeutschlands

Kaiserfiguren in Barockgips – Franz Joseph Feuchtmayer hat den lichtdurchfluteten Kaisersaal von Kloster Salem 1708 prunkvoll und repräsentativ dekoriert

Mönch Frowin, ein Vertrauter Bernhards von Clairvaux. Durch Reichtum, wissenschaftliches Ansehen und politischen Einfluss wurde Salem schnell zu einem der führenden Klöster in Süddeutschland. Der Dreißigjährige Krieg und ein Großbrand vernichteten alle Bauten bis auf die Kirche und den Langen Bau. Die neue Klosteranlage um drei große Innenhöfe wurde 1697–1706 von Franz Beer errichtet. Unter Abt Anselm II. (1746–78) erlebte Salem seine letzte große Blüte. Er ließ nicht nur die Birnau erbauen, sondern gründete 1749 auch die erste deutsche Sparkasse, die ›Ordentliche Waisenkasse‹ in Stefansfeld bei Salem. Mit der Säkularisation kam das Reichsstift an die Markgrafen von Baden.

Besichtigung Heute ist das **Klostergelände** (April–Okt. Mo–Sa 9.30–18, So 10.30–18 Uhr. Besuch von Kirche und Klostergebäuden nur mit Führung, die letzte jeweils um 16.30 Uhr) als *Freizeitpark* gestaltet: Es wird geschmiedet, getöpfert und Glas geblasen, Musikinstrumente werden gebaut; die Kinder haben ein Spielehaus und können Pony reiten, Erwachsene beim Schnapsbrennen zusehen, Wein probieren und auf der Driving Range Golf üben.

Ein Rundgang beginnt gleich hinter dem barocken Unteren Tor am schönen

Marstall, wo früher die Pferde untergebracht waren – luxuriöser als die einfachen Mönche! Hübsche Portale und mächtige Voluten am Giebel zieren den Bau von Giovanni Gaspare Bagnato (1737). Jetzt zeigt hier ein kleines Museum ein Modell der Anlage von Franz Beer und eine interessante Dokumentation zur Klostergeschichte.

Ein Renaissancegebäude, **Langbau** genannt, schließt sich an, mit Verwaltung, Werkstätten, der Weinkellerei in der alten Zehntscheuer und dem Küfereimuseum mit altem Baumtorkel von 1706. Das Obere Tor am Ende des leicht ansteigenden Weges wirkt wie eine Theaterkulisse.

Das gotische **Münster Mariä Himmelfahrt**, 1414 geweiht, ist ein nüchterner Bau in Zisterziensergotik. Strenge Zweckmäßigkeit war oberstes Prinzip des Ordens, die Kirchen durften auch nur kleine Dachreiter haben. Auf üppige Ornamente wurde verzichtet, eine Ausnahme bilden die filigranen Maßwerkfenster im nördlichen Querschiff. Monumental und kühl ist auch der Gesamteindruck im Inneren, verstärkt noch durch die steinerne *Ausstattung*, die augenfällig kontrastiert mit der strengen grauen Gotik der Pfeiler und Gewölbe. Überreich, aber doch etwas steif, aus grauweißem und mattrosa Alabaster im frühklassizistischen Stil wurden die Arbeiten 1771–94 von Johann Georg Dirr und Johann Georg Wieland geschaffen: Hochaltar, 27 Seitenaltäre, Kanzel, Denkmäler und Apostel. Barock sind das Langhausgestühl, das aus der Birnau stammt, und die mit Köpfen geschmückten *Beichtstühle* von Joseph Anton Feuchtmayer. Die auffallende Uhr war nicht dazu gedacht, das Ende des Gottesdienstes herbeizuwünschen – sie galt als Symbol der Vergänglichkeit.

Dem Münster angeschlossen ist das frühere **Konventgebäude** von Franz Beer, jetzt Schloss, das um drei große Innenhöfe angelegt ist. In den *Kreuzgangflügeln* kann man sehr gut die verschiedenen Stuckstile vergleichen: den schwereren, plastischeren Wessobrunner Stuck von Franz Schmuzer (1710), zum Teil mit vorgefertigten Teilen, und die zarteren Rokokoformen, die Joseph Anton Feuchtmayer direkt anbrachte. Schwer wirkt die Schmuzersche Stuckdecke im *ehem. Refektorium*, das heute als evangelische Kirche dient. ›Ora et labora‹ (bete und arbeite) ist das Motto der bemalten Kacheln des schönen Steckborner Ofens (1733) darin. Der lichte *Kaisersaal*, von Franz Joseph Feuchtmayer 1708 effektvoll an den Seiten mit Figuren deutscher Kaiser stuckiert, diente ganz dem zeremoniellen Pomp, denn das Kloster war in der Barockzeit ein politischer Machtfaktor geworden. Ebenso ganz auf Repräsentation angelegt ist das elegante *Rokoko-Arbeitszimmer* des Abtes. Abwechslungsreich werden schließlich im **Feuerwehrmuseum** (im Untergeschoss) fünf Jahrhunderte Feuerwehrgeschichte präsentiert.

Danke, ehrwürdige Schwester! – Begegnung am Affenberg bei Salem

Ausflug

Der *Prälatenweg* zur Birnau [Nr. 37] führt vorbei am *Storchenweiher* von Mendlishausen. Hier brüten wieder Störche, und sie scheinen sich mit den Berberaffen gut zu vertragen. Denn auf dem **Affenberg** (März–Okt. tgl. 9–18 Uhr) leben auf 20 ha mehr als 200 dieser Tiere in einem großen Freigehege. In ihrer Heimat Marokko und Algerien sind die Berberaffen fast ausgestorben, durch die guten Zuchterfolge hier konnten inzwischen einige Tiere wieder in Afrika ausgesetzt werden. Nach dem Besuch der Affen kann man sich im Biergarten im Hof des früheren Klostergutes stärken oder weiterwandern zum romantischen *Killenweiher* oder das kleine *Feuchtmayer-Museum* (Tel. 8 23 14) in Mimmenhausen besuchen.

Praktische Hinweise

Tel.-Vorwahl Salem: 0 75 53
Information: Schloss Salem, Tel. 8 14 37, Fax 85 19, Internet: www.salem.de

Restaurants

Landgasthof Salmannsweiler Hof, Salmannsweiler Weg 5, Tel. 9 21 20. Freundlicher, ruhig gelegener Gasthof in Stefansfeld. Frische Küche aus vorwiegend biologischem Anbau. Mit Hotel.

Markgräflich Badischer Gasthof Schwanen, Tel. 2 83. Gleich vor dem Klostertor in der früheren Klosterschenke und Posthalterei. Wenn abends die Besuchermassen abgezogen sind, kann man in Ruhe zu markgräflichen Weinen Fisch oder Wild speisen. Mit Hotel.

43 Markdorf, Bermatingen und Baitenhausen

Wald und Wiesen über dem See.

Der **Linzgau**, der sich nördlich vom Bodensee zwischen Überlingen im Westen, der Schussen im Osten und hinauf bis Pfullendorf erstreckt, ist eine freundliche hügelige Landschaft mit kleinen Riedseen, Wäldern, Obstwiesen und Hochmooren. Die alte karolingische Grafschaft hat ihren Namen von dem Fluss Aach, der damals Linz hieß. Die große Geschichte zog an der Region vorüber, doch gerade ihre Unberührtheit macht sie zu einem beliebten Erholungsgebiet.

Wenn der Besen gesteckt ist

Wenn beim Winzer der Besen oder Buschen ›gesteckt‹ ist, ein Wedel oder Fichtenkranz vor dem Haus hängt, ist eine **Besen-** *oder* **Strauß-wirtschaft** *geöffnet, in der man Wein aus eigenem Anbau trinken kann.*

Die Tradition geht angeblich auf Kaiser Karl den Großen zurück und ist noch heute im Südwesten Deutschlands lebendig. Die improvisierten Wirtschaften – im Garten und manchmal in der Wohnstube des Winzers – sind meist kleine **Familienbetriebe***. Sie dürfen nicht mehr als 40 Plätze haben und zum Wein nur* **einfache Speisen** *wie Hausmacherwurst, Schmalzbrote, Käse oder Zwiebelkuchen anbieten. Echte Besenwirtschaften haben meist nur wenige Wochen im Jahr geöffnet, sie müssen schließen, wenn der eigene Wein alle ist. Vor allem in und um Bermatingen, Kressbronn, Nonnenhorn oder Salem finden sich etliche Besen- oder Straußwirtschaften, in denen man in fröhlicher Runde einen gemütlichen Abend verbringen kann.*

Markdorf (11 000 Einwohner) am Fuß des Gehrenbergs ist das Zentrum der Ferienregion im Linzgau und eine Hochburg der Fasnet. Ihren Reichtum verdankte die Stadt dem Handel mit Leinen und Rotwein. Anfang des 17. Jh. gab es hier 70 Torkeln – und der Markdorfer galt als einer der besten Weine am See. Fast

mediterran wirkt der historische Stadtkern mit seinen Gassen und alten Häusern, mit dem Hexenturm sowie Ober- und Untertor der *Befestigung* des 13. Jh. Dominierend reckt sich das turmartige *Bischofsschloss* mit seinem markanten Staffelgiebel (14. Jh.) nach oben, das die Konstanzer Bischöfe als Sommerresidenz nutzten und 1740 mit einem Neuen Bau versahen. Zum guten Wessobrunner Stuck von Joseph Schmuzer (1698) bewahrt die Marienkapelle der *Nikolauskirche* am Marktplatz auch noch eine kostbare Schutzmantelmadonna. Kunstkenner zieht es auch zu den originellen Ausstellungen in der Orangerie der *Möbelmanufaktur Draenert* (Steigwiesen 3, Mo–Fr 10–18, Sa 10–14 Uhr).

Prädestiniert ist die Gegend zum Wandern. Ein schöner Weg führt durch den Leutkircher Wald nach Salem, und auch im *Deggenhausertal* finden sich erholsame Winkel. Ein weiterer lohnender Ausflug geht auf den 718 m hohen **Gehrenberg**. Vom Aussichtsturm hat man bei klarem Wetter schöne Sicht auf die Alpenkette und den Bodensee, auf dem Rückweg nach Markdorf bietet sich das originelle Wirtshaus zu einer Rast an.

Das 4 km entfernte **Bermatingen** besitzt ein hübsches Ortsbild mit herausgeputzten Fachwerkhäusern, allen voran das türmchenbekrönte *Rathaus* mit Mini-Laubengang. Darüber hinaus sehenswert ist die *Pfarrkirche* mit prächtiger Madonna von Jörg Zürn (1620).

Auf dem Weg nach Meersburg passiert man bei **Baitenhausen** eine zauberhaft

Markdorf – Hochburg der Fasnet: Bunte Flicken zeichnen das Kostüm der Hänsele aus

zwischen Obstbäumen gelegene *Wall-fahrtskapelle* mit sehenswerten Decken-gemälden. Das Wirtshaus Grüner Berg nebenan, einst Pilgerherberge, bietet ländlich-deftige Kost bei idyllischer Aussicht.

Praktische Hinweise

Tel.-Vorwahl Markdorf, Bermatingen: 0 75 44
Information: Fremdenverkehrs-verein Gehrenberg, Marktstr. 1, Tel. 50 02 90, Fax 50 02 89, Internet: www.gehrendorf-bodensee.de

Hotels

*****Bischofsschloss**, Schlossweg 2–4, Tel. 5 09 10, Fax 50 91 52, Internet: www.bischofsschloss.de. Stilvoll und luxuriös in alten, gut renovierten Räumen.

***Berg-Gasthof Höchsten**, Illmensee-Höchsten, Tel. 0 75 55/9 21 00, Fax 92 10 40, Internet: www.hoechsten.de. Aussichtsreich und ruhig.

Restaurants

Besenwirtschaft Dilger, Buchberg-str. 1a, Bermatingen, Tel. 80 94. Wer den Wein dort probieren will, wo er wächst – im August und Oktober ist der Besen gesteckt.

Kulturoase Shiva, Markdorfer Str. 9, Bermatingen, Tel. 7 12 60, Mi–Sa 18–24 Uhr. Indische Küche in einer Fachwerkscheune.

Wirtshaus am Gehrenberg, Gehren-berg, Tel. 7 22 89, Mi–Sa ab 17 Uhr. Fröhliches ländliches Idyll mit Garten-wirtschaft. Theater, Musik und Kabarett im Theaterstadel (Tel. 27 91).

44 Ravensburg

Die Stadt der Tore und Türme.

Ravensburg (47 000 Einwohner) ist an Wochenenden das pulsierende Einkaufs-zentrum Oberschwabens. Die Stadt im Tal der Schussen war schon immer ein wichtiger Handelsplatz und ist heute ein modernes Industriezentrum.

Geschichte Die Siedlung entstand rund um die Burg, die Welf IV. im späten 11. Jh. erbaute, und auf der 1129 Heinrich der Löwe geboren wurde. Welf VI. verkaufte den Besitz 1180 an Barbarossa,

Ravensburg – Stadt der Spiele: Seit 1927 ist ›Fang den Hut‹ ein Renner

der die Ravensburg (heute Veitsburg) zum Sitz seiner Verwaltung für Schwaben machte. Nach den Staufern kamen die Habsburger – Rudolf von Habsburg war es, der Ravensburg 1276 zur Reichs-stadt erhob. 1380 gründete der Kaufmann Humpis zusammen mit den Kaufleuten Möttel aus Buchhorn und dem Konstan-zer Muntprat die **Große Ravensburger Handelsgesellschaft**, die ihr Vermögen vor allem durch internationalen Lein-wandhandel machte. Als Nürnberg und Augsburg mächtiger wurden, löste sich die Gesellschaft 1530 auf. Die Reforma-tion brachte eine paritätische Stadtver-waltung. Im Dreißigjährigen Krieg und in den Napoleonischen Feldzügen hatte die Stadt schwer zu leiden. Erst das Industriezeitalter brachte neuen Auf-schwung.

Stadt des Mittelalters

Mit 14 Toren und Türmen, die von der 1835 niedergelegten Stadtmauer blieben, bietet Ravensburg ein geschlossenes mit-telalterliches Stadtbild. Zentrum und ›gute Stube‹ der Stadt ist der behäbige **Marienplatz**, der mit seinen stattlichen Gebäuden die nach Osten aufsteigende Oberstadt von der jüngeren unteren trennt. Der viereckige *Blaserturm* des 16. Jh. mit Aussichtsplattform, von dem einst der Türmer Signal gab und Tages-stunden meldete, dominiert den Platz. An den Turm angebaut ist das *Waaghaus* (1498) mit hohen Staffelgiebeln, gegen-über steht das *Lederhaus* (1514) mit or-namentaler Bemalung und dahinter das *Seelhaus* genannte alte Siechenspital. Ei-

Den weiß getünchten Mehlsack (Rundturm) im Visier – Ravensburgs an Toren und Türmen reicher mittelalterlicher Stadtkern zu Füßen der Veitsburg

nen Prunkerker trägt die Fassade des ziegelroten spätgotischen *Rathauses*, in dem noch zwei Ratssäle mit alten Holzdecken erhalten sind. Südlich davon steht am Viehmarkt das schön renovierte *Kornhaus* mit der heutigen Stadtbibliothek. Die *evangelische Stadtkirche* schräg gegenüber, um 1350 als Gotteshaus des Karmeliterklosters erbaut, birgt innen Fresken des 14./15. Jh. sowie die Kapelle der Ravensburger Handelsgesellschaft mit etlichen Patriziergräbern. Die andere Seite des Marienplatzes begrenzen der *Grüne Turm* und das *Frauentor*, davor erhebt sich die gotische *Liebfrauenkirche* mit prächtigen Chorfenstern (1415).

Die **Marktstraße** führt aufwärts zum wuchtigen Obertor (15./16. Jh.). Zwischen den vielen malerischen Patrizierhäusern steht das barocke **Alte Theater**. Im darunter liegenden Durchgang, der ›Brotlaube‹, wie auch in der gesamten Straße wird samstags Markt gehalten. Das 1446 errichtete Haus Nr. 49 war einst das **Zentralkontor** der Großen Ravensburger Handelsgesellschaft.

Wahrzeichen der Stadt ist der 51 m hohe, runde **Mehlsack**. Von hier geht es

weiter hinauf zur **Veitsburg**. Die Stelle der 1647 abgebrannten Welfenburg nimmt ein kleines, 1750 von Giovanni Gaspare Bagnato erbautes Schlösschen ein. Vom Restaurant hat man einen weiten Blick in das Schussental und auf die boomenden Neubauviertel.

Stadt der Spiele

Im alten Fachwerkbau des früheren Vogthauses präsentiert das **Städtische Museum** (Charlottenstr. 26, April–Okt. Di–Sa 15–17, So 10–12, 15–17 Uhr) Interessantes aus der Ravensburger Vergangenheit. Spielernaturen ist Ravensburg natürlich ein Begriff – im **Verlagsmuseum Ravensburger Spiele** (Marktstr. 26, Do 14–18 Uhr) kann man ein riesiges ›Fang den Hut‹ und andere erfolgreiche Spiele sehen.

Mit der **Zehntscheuer** (Grüner-Turm-Str. 26, Tel. 2 19 15) hat die Stadt einen bei Jugendlichen beliebten Platz für Konzerte und Kleinkunst, im **Konzerthaus** (Wilhelmstr.) aus der Gründerzeit, einer Stiftung Ravensburger Bürger, finden regelmäßig Theatergastspiele statt. Die **Oberschwabenhalle** auf dem Messegelände Richtung Weingarten ist bekannt für musikalische und sportliche Großveranstaltungen.

Am turbulentesten geht es in Ravensburg beim alljährlichen **Rutenfest** am letzten Wochenende vor Beginn der Sommerferien in Baden-Württemberg zu, einem Heimat- und Schülerfest mit gut 500-jähriger Tradition. Schon wochenlang vorher wird das Trommeln und Bogenschießen geübt, damit der große historische Umzug mit Musikantenscharen, Schützen, Adlerschießen und Rutenspiel möglichst gut und bunt gelingt.

Ausflüge

Seit einigen Jahren bietet rund 12 km südlich in **Meckenbeuren** das *Ravensburger Spieleland* (Liebenau, Am Hangenwald 1, April, Mai, Sept. Okt. tgl. 10–17 Uhr, Juni–Aug. 10–18 Uhr) Spiel und Spaß für die ganze Familie. Eltern dürfen und sollen in der Zauberschule, bei Käpt'n Blaubär, Fix und Foxi, bei der Moorhuhnjagd oder Feuerwehr mitmachen.

An den Waldweihern Richtung Grünkraut (südöstlich) liegt der **Flappach**, im Sommer beliebtes Freibad und Ausgangspunkt für abwechslungsreiche Waldwanderungen.

Etwa 10 km lang ist der Weg nach Osten über Schlier zur **Waldburg** in 800 m Höhe, die die herrlichsten Rundblicke bietet. Man sieht die Burg schon von weitem über den bewaldeten Hügeln thronen. Die Truchsessen, später Fürsten von Waldburg zu Wolfegg und Waldsee

Zur Züchtigung die Ruten – Ravensburgs Rutenfest hat lange Tradition

waren mächtige Herren, im 13. Jh. wurden hier sogar die Reichsinsignien aufbewahrt, bewacht von Mönchen der Weißenau. Georg III. von Waldburg wurde durch seinen Sieg über die Bauern (1525) als Bauernjörg berühmt und berüchtigt. Da die Waldburg auf ihrem Felsen relativ geschützt war, fehlen größere Wehrbauten und ein Bergfried. Der Palas (16. Jh.) vermittelt im Inneren interessante Einblicke in die adlige Wohnkultur vom 16. bis ins 19. Jh., 1588 entstand der schön getäfelte Rittersaal (April–Okt. tgl. 10–17 Uhr, Führungen Tel. 0 75 29/ 97 17 11).

Das **Kloster Weißenau**, so genannt nach dem weißen Habit der Prämonstratensermönche, liegt im Schussental südlich von Ravensburg. Kaiser Friedrich Barbarossa und Rudolf von Habsburg förderten das Kloster, dessen Kirche vom großen Vorarlberger Franz Beer 1717–24 erbaut wurde. Die dreischiffige Basilika St. Peter und Paul ist beispielhaft für den Vorarlberger Stil: Der hohe, tonnengewölbte Innenraum besitzt Doppelpilaster, breite Gurtbögen, Emporen und Durchgänge. Ranken und Akanthusblätter des Wessobrunner *Stucks* von Franz Schmuzer ordnen sich der klaren Raumgestaltung unter. Die Deckenmalereien schuf Jacob Carl Stauder. Viel verehrtes Pilgerziel der Wallfahrtskirche ist die goldgefasste *Heilig-Blut-Reliquie* von 1709. Und dann besitzt Weißenau noch eine fantastische *Orgel* (1787) von Johann Nepomuk Holzhay mit schönem Rokokoprospekt.

Praktische Hinweise

Tel.-Vorwahl Ravensburg: 07 51
Information: Verkehrsamt, Kirchstr. 16, Tel. 8 23 24, Fax 8 24 66, Internet: www.ravensburg.de

Hotel

**Obertor, Marktstr. 67, Tel. 3 66 70, Fax 3 66 72 00, Internet: www.hotelobertor.de. Gutbürgerliches Haus, günstig am oberen Ende der Marktstraße gelegen.

Restaurant

TOP TIPP **Waldhorn**, Marienplatz 15, Tel. 3 61 20. Wenn es perfektes Essvergnügen gibt – bei Starkoch Albert Bouley kann man es erleben, leicht und mit genussreicher Geschmacksfülle. Mit Gästehaus.

Monumentale Rundung – kraftvoll wölbt sich die Fassade Weingartens nach vorne

45 Weingarten

Barockes Orgelbrausen im schwäbischen Petersdom.

Die größte deutsche **Barockbasilika** (tgl. 8–18 Uhr, Führungen unter Tel. 56 12 70) überragt die Stadt, die bis 1865 Altdorf hieß und lange im Schatten von Ravensburg stand. Die Welfen gründeten im 10. Jh. das Kloster, dessen Benediktinermönche sich früh der Hirsauer Bewegung anschlossen und Weingarten im 12. und 13. Jh. zu einem bedeutenden Zentrum der Buchmalerei machten. In den Konventbauten leben heute wieder Benediktiner, und hier ist auch die Pädagogische Hochschule untergebracht.

Breit hingelagert auf dem Martinsberg, dominiert die 66,7 m hohe Kuppel den monumentalen Bau, zu dem man vom Marktplatz aus aufsteigt. Für die zwischen den beiden Türmen kraftvoll nach vorne ausschwingende **Fassade** aus Rorschacher Molassestein gaben italienische Bauten und die Salzburger Kollegienkirche das Vorbild.

Innen empfängt den Besucher kühne lichtdurchflutete Weite. Souverän ziehen sich die Pfeiler bis zur Vierung, wo sie zu mächtigen Gruppen gebündelt sind. Fast unendlich hoch erhebt sich die Kuppel, deren Wirkung durch die ausbuchtenden Querarme noch gesteigert wird. Die herrlich weit gespannten Gewölbe zwischen breiten Gurtbögen rhythmisieren den Raumeindruck zusätzlich. Trotz der mächtigen Pfeiler und der unglaublichen Dimension (102 m lang!) wirkt diese Architektur nicht schwer, sondern licht – ein wunderbar klarer, fest umrissener Raum mit zurückgezogenen Emporen und schmalen Seitenschiffen. Johann Jakob Herkomer, Donato Giuseppe Frisoni und Kaspar Moosbrugger haben Entwürfe geliefert, Christian Thumb und Franz Beer mitgearbeitet – entstanden ist ein großes Spätwerk des Barock. Seit 1684 hatte man den Neubau geplant, unter Abt Sebastian Hyller wurde 1715 der Grundstein gelegt, 1724 die Kirche geweiht.

Die groß angelegten **Fresken** von Cosmas Damian Asam aus der Zeit 1718–20 erweitern den realen Raum illusionistisch nach oben. In die Kuppel malte er die Hl. Dreifaltigkeit inmitten der Triumphierenden Kirche, im Chorschluss stellte er die Anbetung des Lamms dar, im Langhaus die Himmelfahrt Mariens, den hl. Ordensvater Benedikt, die Verherrlichung des Hl. Bluts und über dem Westchor Christi Geburt. Die Malerei vollendet hier die Raumgestaltung, auch theologisch stellt sie den offenen Himmel dar, das Geheimnis des Glaubens leuchtet mystisch im goldgelben Fenster in der Bekrönung des Hochaltars. Der zarte zurückgenommene **Stuck** des Wessobrunners Franz Xaver Schmuzer unterstützt die dramatische Wirkung der Malereien.

Prachtstücke der **Ausstattung** sind der würdevolle *Hochaltar* von Donato Giuseppe Frisoni mit Statuen von Diego Francesco Carlone, die beiden hervorragenden ebenfalls von Frisoni geschaffenen *Querschiffaltäre*, das perspektivische *Chorgitter*, das reich verzierte *Chorgestühl* von Joseph Anton Feuchtmayer sowie bedeutende *Altargemälde* vom berühmten Carlo Carlone, von Giulio Benso und Franz Joseph Spiegler.

Blickpunkt im hohen Westchor ist die riesige **Barockorgel**, ein kunstvolles Gehäuse, theatralisch zwischen die sechs Fenster eingebaut. 14 Jahre dauerte es, und 27 000 Gulden Lohn bekam der Orgelbauer Joseph Gabler, bis 1750 das Wunderwerk mit 48 Manualen und mehr als 7000 Pfeifen vollendet war: ein tönender Kosmos von ungeheurem Klangreichtum.

Hohe Hüte, edle Rösser – Tausende ziehen alljährlich beim ›Blutritt‹ in Weingarten mit

Am Choreingang steht der Hl.-Blut-Altar mit der verehrten Reliquie, die die Welfenkönigin Judith im Jahr 1094 dem Kloster vermacht hat. Der erstmals 1529 überlieferte ›**Blutritt**‹ wird noch heute

Schwindel erregende Illusion des Himmels – Cosmas Damian Asam malte in die Kuppel von Weingarten die Heiligste Dreifaltigkeit inmitten der Triumphierenden Kirche

*Wunderbare Schnitzarbeit – Joseph Anton
Feuchtmayer vollendete das reich verzierte
Weingartener Chorgestühl 1720*

jedes Jahr früh am Freitag nach Christi
Himmelfahrt mit großem Pomp begangen. Begleitet von 3000 Reitern, gewan-
det in Frack und Zylinder, 80 Musikkapellen und endlosen Pilgerscharen
wird die Reliquie in einer feierlichen Prozession durch die Stadt und über Land
getragen.

Sehenswert im Ort sind das **Stadtmu-
seum** im alten Schlössle und das **Aleman-
nen-Museum** (Karlstr. 28, März–Okt.,
Dez.–Jan. Mi, Sa, So 15–17 Uhr) im
Kornhaus mit Grabfunden aus dem
6.–8. Jh. Im November werden von der an
der Hochschule lehrenden Pianistin Rita
Jans die **Weingartner Tage für Neue
Musik** veranstaltet, jeweils einem zeitgenössischen Komponisten gewidmet.

Praktische Hinweise

Tel.-Vorwahl Weingarten: 07 51
Information: Amt für Tourismus,
Münsterplatz 1, Tel. 40 51 25,
Fax 40 52 68, Internet:
www.weingarten-online.de

46 Tettnang

*Drei Schlösser und Hopfenstangen,
so weit das Auge reicht.*

Tettnang liegt inmitten eines großen
Hopfen- und Obstanbaugebiets leicht erhöht am Rand des Schussentals. Der Ort
war vom 13. bis 18. Jh. im Besitz der
Grafen Montfort (man spricht sie übrigens so aus, wie man sie schreibt – nicht
französisch), die ihn zu ihrer Residenz
ausbauten und gleich drei Schlösser hin-
terließen. Allerdings haben sie sich dabei
so verschuldet, dass der Besitz 1780 an
Österreich verkauft werden musste.

Der Stadtkern wirkt noch heute wie
eine kleine Residenzstadt. Im **Torschloss**, dem ältesten Tettnanger Schloss,
ist das Stadtarchiv mit dem Montfort-
Museum (April–Okt. Di–Fr 16–19, Sa
10–19, So 15–19 Uhr) untergebracht, in
dem die Herrschaft der Montforts dokumentiert ist.

Das **Alte Schloss**, ein dreigeschossi-
ger Putzbau von 1667, heute Rathaus,
fällt durch seine Staffelgiebel und die
Reihen schwarz-weißer Fensterläden
auf. Dieser Bau war Graf Anton III. eines
Tages nicht mehr gut genug. Er holte
1712 den Architekten des Neuen Schlos-

ses von Meersburg, den Benediktinerpater Christoph Gessinger aus Isny, zum Bau seines **Neuen Schlosses** (der Innenhof und die Treppenhäuser sind Mo–Fr zu den üblichen Bürostunden frei zugänglich, geführte Besichtigung der Räume April–Okt. 10.30, 14.30, 16 Uhr). 1720 war die von Kolossalpilastern gegliederte Vierflügelanlage mit vier schräg gestellten Eckpavillons – eigentlich Treppentürmen – fertig gestellt. Nach einem Brand wurde das Schloss 1753 in den heutigen repräsentativen Zustand gebracht. Trotz enormer Schulden machte sich Graf Franz Xaver an die Neuausstattung, bei der die besten Künstler aus dem Bodenseegebiet mitarbeiteten. Über den *Innenhof* mit teils gemalten, teils plastisch ausgebildeten Pilastern erhält man Zugang zu den beiden vorderen *Treppenhäusern*, die schöne Deckenbilder von Andreas Brugger tragen: Lob der Landwirtschaft und Jagdszenen. Auf Filzpantoffeln schlurft man dann über das original erhaltene Parkett von 1760 durch die gräflichen *Appartements* im 1. Stock. Das Mobiliar in der Bel-etage stammt allerdings aus verschiedenen anderen Schlössern des Landes Baden-Württemberg, dem das Tettnanger Schloss heute gehört. An den Decken gibt es ganz vorzüglichen, verspielten, zwischen Rokoko und Klassizismus gefertigten Stuck von Joseph Anton Feuchtmayer und Johann Georg Dirr zu bewundern. An den ehem. Audienzraum schließt der Eckpavillon mit dem *Bilderkabinett* an – die von Joseph Anton Feuchtmayer reich mit Büsten stuckierten Rahmen sind allerdings leer: Die Montforts hatten die Bilder aus Geldmangel verkauft. Das *Rote Zimmer* und das *Tafelzimmer* zieren Porträts der Montforter von Angelika Kauffmann – ihr Vater arbeitete bei der Ausstattung des Schlosses mit [vgl. auch S. 73]. Es folgen die beiden Grünen Zimmer mit dem *Grünen Kabinett*, dessen Wände mit meergrünen Spiegeleinlagen verkleidet sind. Verschwenderisch sind hier die Feuchtmayerschen Stuckaturen. Im *Vagantenkabinett* hat Andreas Brugger höchst lebendige Jahrmarktszenen gemalt, das *Holländische Kabinett* imitiert blau-weiße Delfter Kacheln. Köstlich ist der als Fass gestaltete Ofen im *Bacchussaal*, auf dem der Weingott reitet. Die Fresken von Brugger erzählen die Herkules-Sage.

Mehr als 40 000 Zentner Hopfen werden alljährlich auf den Feldern rund um Tettnang produziert. Kein Wunder also, dass man hier alles über Hopfen, seinen

Blütenträume – das Neue Schloss von Tettnang liegt im Herzen eines Obstanbaugebiets

Neues Schloss Tettnang: Das Deckenfresko ›Herkules vor Zeus‹ im Bacchussaal stammt von Andreas Brugger

Anbau und seine Verarbeitung erfährt – im **Tettnanger Hopfenmuseum** (Siggenweiler, Mai, Juni, Okt. Di–So 14–17 Uhr, Juli–Sept. tgl. 10–18 Uhr).

Praktische Hinweise

Tel.-Vorwahl Tettnang: 0 75 42
Information: Tourist-Info,
Tel. 95 38 39, Fax 93 91 96, Internet: www.tettnang.de

Hotel

Gasthof Torstuben, Bärenplatz 8, Tel. 93860, Fax 938624, Internet: www.tettnag.com/torstuben.htm. Am Torschloss mit Gästezimmern im Landhausstil und gemütlichem Restaurant.

Restaurant

Brauerei-Gasthof Zur Krone, Bärenplatz 8, Tel. 74 52. Traditionsreiches Haus mit altschwäbischer Bierstube und Gartenwirtschaft. Auch Gästezimmer.
Ringhotel Rad, Lindauer Str. 2, Tel. 54 00. In der früheren Thurn & Taxis-Poststation werden zur Saison über 100 verschiedene Spargelgerichte serviert.

47 Wolfegg

Spaziergang durch die Vergangenheit.

Im kleinen Luftkurort, 672 m über dem Achtal zwischen Wald und Wiesen gelegen, lebt es sich gemächlich. Viel Natur wird geboten und dazu der Zauber einer kleinen herrschaftlichen Residenz, denn hier steht man auf ehem. ›Waldburgischen Territorium‹. Die Familie Waldburg hatte das Truchsessamt inne, ein Erzamt des deutschen Königtums. Entsprechend reich war sie an Einfluss und Besitz und schuf sich in dieser Gegend ihre verschiedenen Residenzen: Waldburg, Kisslegg, Wolfegg.

Das stattliche **Renaissanceschloss** auf nach drei Seiten steil abfallendem Bergsporn über Ach- und Höllental ist noch immer im Besitz der fürstlichen Familie und kann nur während der ›Internationalen Festspiele Baden-Württemberg‹, jedes Jahr am 2. Septemberwochenende, sowie im Rahmen der ›Internationalen Wolfegger Konzerte‹ am letzten Juniwochenende besucht werden. Die imposante Vierflügelanlage mit massigen, vorgesetzten Eckpavillons wurde 1578 errichtet und nach einem Brand bis 1689 in den heutigen Zustand gebracht. Zentrum ist der Rittersaal – 52 m lang, 14 m breit, 9 m hoch –, geschmückt mit 24 lebensgroßen Ahnherren der Waldburgischen Truchsessen. Es ist ein fulminantes Erlebnis, wenn hier mit Musikern von Weltruf die Festspiele zelebriert werden. Unter den im Haus versammelten Kunstwerken ragt das berühmte ›Hausbuch‹ mit den vortrefflichen Zeichnungen des Hausbuchmeisters (1480) heraus.

Mit dem Schloss durch einen Gang verbunden, vervollständigt die **Kirche** das malerische Bild. Johann Georg Fischer aus Füssen schuf den Bau 1742, auch als fürstliche Grablege: abgerundete Ecken, Wandpfeiler mit seitlichen Durchgängen, feine Pilastergliederung, Stuckverzierungen der Wessobrunner Schule – ein Rokokokleinod! Franz Joseph Spiegler hat ein furioses Fresko an die Decke gemalt: Graf Johannes von Sonnenberg ringt mit Antonio Maria d'Aragon.

Autofans gehen erst gar nicht bis zum Schloss – vorne, an den Fachwerk-Wehrgang anschließend, sind im **Automobilmuseum** (Mitte März–Mitte Nov. tgl. 9–18, sonst So 9–17 Uhr) 200 Oldtimer zu bewundern, eingerichtet von Autotester und Autor Fritz B. Busch.

Ritterburg über dem Achtal – Schloss Wolfegg ist nur zu Festspielzeiten zu besichtigen

An das weite Gelände der Vorburg schließt sich die **Beamtensiedlung** mit hübschen Häusern aus dem 18. Jh. an. Die **Alte Pfarr**, eine ehem. Kirche aus dem 10. Jh., seit dem 18. Jh. Stall, jetzt schön renoviert, wird für Konzerte und Ausstellungen genutzt.

Unterhalb des Schlosses schließlich erwartet das **Bauernhaus-Museum** (Fischergasse, April–Okt. Di–So 10–18 Uhr) seine Besucher, wo 14 historische Gebäude aus Oberschwaben und dem Westallgäu stehen, das älteste stammt von 1689. Vorbild war ein richtiges Dorf mit Bau-

Im Banne der Motoren – chromglänzende Boliden im Oldtimer-Museum von Wolfegg

Eine wunderschöne, von Weihern und Seen durchsetzte Wanderlandschaft umgibt Kisslegg

erngärten und Federvieh. Die Häuser sind liebevoll eingerichtet und vermitteln einen lebendigen Eindruck früherer Zeiten.

Wald und Wiesen der Umgebung laden zu **Wanderungen** ein. 15 km lang ist der *Sechsweiherweg* Richtung Metzisweiler, kürzer geht es entlang der Wolfegger Ach nach Neutann oder Richtung Rötenbach zur aussichtsreich gelegenen Loreto-Kapelle.

Praktische Hinweise

Tel.-Vorwahl Wolfegg: 0 75 27
Information: Wolfegg Information, Rötenbacher Str. 13, Tel. 96 01 51, Fax 9 60 17 08, Internet: www.wolfegg.de

Hotel

*Hotel-Gasthof zur Post**, Rötenbacher Str. 5, Tel. 9 61 40, Fax 96 14 66. Traditionelles Wirtshaus, mit großem Biergarten (Di geschl.).

Restaurant

Museumsgaststätte Fischerhaus, Fischergasse, Tel. 51 50. Am Weiher unter schattigen Linden gleich am Eingang zum Bauernhaus-Museum serviert man Fisch und schwäbische Spezialitäten (Mo geschl.).

48 Kisslegg

Expressionistisches im Barockschloss.

Das blank geputzte Städtchen liegt inmitten vieler kleiner Moorseen im schon flacheren Allgäuer Voralpenland und ist ein beschaulicher Kneippkurort.

Schon seit alten Zeiten gab es hier zwei Burgen. Nicht zugänglich ist das mittelalterliche, Ende des 16. Jh. umgebaute **Alte Schloss** hinter der Brücke, das mit seinem hohen Staffelgiebel und den runden Ecktürmen burgähnlich wirkt. Das **Neue Schloss** (Mitte März–Mitte Nov. Di–So 10–17 Uhr) hingegen lagert hell und lang gestreckt am weitläufigen Schlosspark. Der kompakte Bau, nach einem Brand 1721–27 von Johann Georg Fischer aus Füssen neu errichtet, gehört heute der Gemeinde und beherbergt das **Museum Expressiver Realismus**, das der Maler Wolfgang von Websky mitbegründet hat, eine interessante Sammlung zur Malerei des 20. Jh. u. a. mit Werken von Wilhelm Geyer, Karl Hubbuch und Theodor Rosenhauer. Die Bilder vertragen sich erstaunlich gut mit dem barocken Stuck von Francesco Solari und Johann Schütz und den Fresken von Johann Gabriel Roth. Acht überschlanke, gekünstelt elegante Sibyllenfiguren, alle in Nischen und vom virtuosen

Joseph Anton Feuchtmayer (1726/27), zieren das schöne *Treppenhaus*. Sehenswert sind auch die *Festräume* und eine interessante *Schlosskapelle*.

Die **Pfarrkirche St. Gallus und Ulrich**, ursprünglich romanisch, 1738 ebenfalls von Johann Georg Fischer umgebaut, präsentiert sich in leuchtend buntem Barock: mit prunkvollem Wessobrunner Stuck, der eleganten Rokokokanzel aus der Werkstatt von Johann Wilhelm Hegenauer und den Fresken von Franz Anton Erler im tonnengewölbten Langhaus, die den Triumph der Kirche über die Ketzerei darstellen. Der bedeutende *Silberschatz* der Kirche kann auf Anfrage (Tel. 93 61 42) besichtigt werden. Und dann wartet die Stadt noch mit einem besonderen Kleinod auf – die hübsch stuckierte **Friedhofskapelle St. Anna** hat Cosmas Damian Asam 1719 mit Fresken zum Leben der hl. Mutter Anna ausgeschmückt!

Rund um Kisslegg liegt eine schöne und gesunde **Wanderwelt**. Über Mineralwasser wird man beispielsweise bei einer Führung an der *Krumbacher Quelle* (Mineralbrunnen AG, Tel. 91 20) am nordwestlichen Ortsende kundig gemacht. Zudem führen unzählige, vorwiegend ebene Wanderwege durch Wiesen, Ried und zu Moorseen, kleine Kapellen stehen am Weg, in *Fischreute* findet man ein Denkmal zur Erinnerung an eine Notlandung des Grafen Zeppelin 1906. Wasservögel treffen sich im *Finkenmoos* bei Oberriedgarten, Wassersportler am Holzmühleweiher, Argensee oder Wuhrmühleweiher. Im Schwimmbad am *Obersee* kann man sowohl im Moorsee wie im beheizten Becken baden, freitags sogar bis 22 Uhr. Das *Arrisrieder Moos* südlich von Kisslegg entstand nach Ende der letzten Eiszeit und ist ein Versumpfungsmoor, in dem Torf bis zu 5 m dick aufgeschichtet wurde. Mittlerweile wird kein Torf mehr gestochen, die alten Entwässerungsgräben wurden teilweise wieder aufgefüllt. Das Moos mit seiner reichen Vegetation ist heute Naturschutzgebiet. Ein beschilderter Lehrpfad führt durch das Gebiet – und man sollte auch auf diesem Weg bleiben.

Ansehnliche Prunkräume im Neuen Schloss Kisslegg – das Kleine Kabinett

Tel.-Vorwahl Kisslegg: 0 75 63
Information: Gästeamt, Neues Schloss, Tel. 93 61 42, Fax 93 61 99, Internet: www.kisslegg.de

Hotel

Sonnenstrahl, Sebastian-Kneipp-Str. 1, Tel. 18 90, Fax 74 43, Internet: www.hotel-sonnenstrahl.de. Kur- und Seminarhotel, mit Thermalbad und Therapieangeboten.

Restaurants

Burgermoosstüble, 5 km außerhalb in Oberriedgarten, Tel. 24 77, Di–Fr 14–20, Sa/So 10–20 Uhr. Rustikale Vesper und selbst gebrannter Obstler – hier ist man richtig auf dem Land.

Gasthof Ochsen, Herrenstr. 21, Tel. 9 10 90. Fachwerkhaus mitten im Städtchen, solide oberschwäbische Gerichte. Mit Hotel.

Patrizierhäuser säumen Wangens Herren-straße, die am Frauentor endet

49 Wangen

Im Herzen des Westallgäus – reichs-städtische Tradition und Gemütlichkeit.

Der Luftkurort im Westallgäuer Morä-nenhügelland, 24 500 Einwohner groß, hat noch weitgehend den malerischen Charakter einer ummauerten mittelalter-lichen Stadt bewahrt und wurde deshalb 1976 unter Ensemble-Denkmalschutz gestellt. Heute ist Wangen ein Zentrum der Milch- und Käsewirtschaft.

Geschichte Ursprünglich im Besitz von St. Gallen, wurde der an der Kreu-zung alter Fernstraßen gelegene Ort durch Leinenhandel und Sensenfabrika-tion reich und im 13. Jh. freie Reichs-stadt. 1539 zerstörte ein Stadtbrand die

Oberstadt. Fast so, wie Wangen damals wieder aufgebaut wurde, wirkt der Stadt-kern noch heute.

Besichtigung Eine idyllische Prome-nade verläuft ein Stück entlang der Stadt-mauer – man muss sich nur entscheiden, durch welches der Tore man die Stadt be-treten will: durch den **Pulverturm** am Argenufer, an dem früher die Färber ar-beiteten, durch das bemalte, in der Renais-sancezeit aufgemauerte **Frauentor** (auch Ravensburger Tor) mit den zierlichen Ecktürmchen oder durch das gedrungene, rote **Martinstor** (auch Lindauer Tor) mit Resten gotischer Bemalung im Durch-gang und interessanten Wasserspeiern.

Zentrum ist der Marktplatz mit der Martinskirche und dem schmucken **Rat-haus**, das 1719–21 umgebaut wurde. Die herrliche Barockfassade mit schönem Volutengiebel, kräftig profilierter Por-talachse und bewegtem Figurenschmuck beherrscht diesen Platz, auch das barocke Treppenhaus und der holzgetäfelte Rats-saal mit einer Darstellung der Stadt 1611 sind sehenswert. Durch den *Torturm* (Ratloch oder Pfaffenturm) zwischen dem Rathaus und dem prächtigen **Hin-derofenhaus** aus der Renaissance (mit italienisch wirkendem Innenhof) kommt man in die Unterstadt zum **Postplatz**, früher Kornmarkt, mit dem großen *Korn-haus* (um 1600) und dem *Mesnerhaus*, das in die alte Stadtmauer eingebaut ist. Am Ende der Spitalgasse liegt das ba-rocke **Heilig-Geist-Spital**, dessen Kir-che eine schöne Madonna der Zürn-Werkstatt besitzt, der große ›Christus im Kerker‹ an der Südwand ist ein traditio-nelles Wallfahrtsziel.

Wenig weiter trifft man an der Stadt-mauer auf einen Fachwerkbau mit dem **Heimat- und Käsereimuseum in der ehem. Eselmühle** (April–Okt. Di, Do, Fr 14–17, Mi 10–12, 14–17, Sa 10–17, So 10–12 Uhr, sonst nur Di 15.30 Uhr Füh-rung). Der Arbeitsraum des Müllers mit altem Mühlrad (15. Jh.) erinnert an den einstigen Mühlenbetrieb. Über den Wehrgang erreicht man das **Deutsche Eichendorff-Museum** (Lange Gasse 1, Öffnungszeiten wie oben), dem das **Gus-tav-Freytag-Archiv** mit Manuskripten und Erstausgaben angeschlossen ist. Eine Attraktion ist das **Museum in der Bad-stube** (Lange Gasse 9, Öffnungszeiten wie oben): In den Gewölben erfährt man eindrucksvoll, wie im Mittelalter ge-schwitzt, geschröpft und gebadet wurde.

*Wangener Dreieinigkeit – die Martinskirche und das schmucke Rathaus mit dem Pfaffen-
turm rahmen den malerischen Marktplatz*

Wangens alte Häuser sind rot, gelb oder weiß getüncht und auch bemalt, manche mit Treppengiebeln und viele mit kunstvollen schmiedeeisernen Schildern. Herzstück der Stadt ist die **Herren-
straße** zwischen Frauentor und Rathaus, deren prachtvolle Häuser den Bürger-
stolz der reichen Patrizierfamilien doku-
mentieren. Das **Weberzunfthaus** in der Zunfthausgasse ist eines der ältesten Häuser der Stadt, der Entwurf für das frühklassizistische **Ritterhaus** neben dem Frauentor stammt von Franz Anton Bagnato.

Eine wahre Wonne sind Wangens lus-
tige **Brunnen**, die die Stadt von modernen Künstlern gestalten ließ: der *Amts-
schimmelbrunnen* vor dem Landratsamt in der Lindauer Straße, der *Eselsbrunnen* vor der kleinen urigen Gaststätte ›Zum Stiefel‹ am Eselsberg, *Antonius* als

Schützer der Haustiere am Saumarkt, der *Wahrheitssucher* mit einem Bücherstapel vor der Bibliothek im Kornhaus oder der *Kopfwäschebrunnen* beim Badhaus.

Praktische Hinweise

Tel.-Vorwahl Wangen: 0 75 22
Information: Gästeamt, Marktplatz 1,
Tel. 7 42 11, Fax 7 42 14, Internet:
www.wangen.de

Hotels

***Postvilla**, Schönhalde 2, Tel. 9 74 60,
Fax 2 93 23. Gepflegte Villa zwischen alten Bäumen in schöner Aussichtslage.

Alte Post, Postplatz 2, Tel.
9 75 60, Fax 2 26 04, Internet:
www.romantikhotels.com/wangen.
Zentral, bäuerlich-barock eingerichtet.

Das Wangener Heimatmuseum erklärt die Herstellung von Käse und Butter

Restaurant

Zum Fidelisbäck, Paradiesstr. 3, Tel. 79 59 20, Mo–Fr 7.30–22, Sa bis 14 Uhr. Traditionswirtschaft, deren Spezialität Leberkäs, Laugenbrezeln und ›Seelen‹ – ein typisch oberschwäbisches Gebäck – sind.

50 Isny

Alpenblick mit Butterblumen.

Isny bezaubert durch seine schöne Lage in der Moränenlandschaft des Westallgäus wie auch durch sein gut erhaltenes **mittelalterliches Stadtbild**: An romantischen Turm- und Mauerblicken fehlt es hier also nicht. Der heilklimatische Ort (13 500 Einwohner) wird sommers und winters gern besucht. Die jüngste und kleinste der oberschwäbischen Reichsstädte ist noch in großen Teilen mauerumgürtet, ihren Kern bildet ein Oval, das von zwei großen Straßenzügen durchschnitten wird. Wo beide aufeinander treffen, weitet sich der Straßenraum zum **Marktplatz**, den der schlanke, sich hoch empor reckende *Blaserturm* (16. Jh.) beherrscht. Zu seinen Füßen liegt das *Hallgebäude*, das frühere Lagerhaus der Tuchhändler (heute Bücherei), gegenüber das frühbarocke *Rathaus* mit wappengeschmücktem Erker und einem

Prachtstück an Kachelofen (1685) im schönen Ratssaal. Im ehem. *Hospital zum Hl. Geist* (Anfang 15. Jh.) werden ab und an Ausstellungen gezeigt.

Nordwärts führt die Wassertorstraße zum gleichnamigen Stadttor mit dem **Heimatmuseum** (Führungen Mai–Okt. Mo 19, Mi 14, So 10.30 Uhr). Bei einer Führung können das alte Stadtgefängnis mit erhaltenen Kritzeleien der Gefangenen, eine Käserei und eine Schusterwerkstatt besichtigt werden.

Gegenüber steht die gotische **Nikolaikirche** mit lustiger Zwiebelhaube. Sie besitzt über der Sakristei mit der *Predigerbibliothek* (Führung Mi 10.30 Uhr) einen ganz außergewöhnlichen Schatz: Bis unter die bemalte Decke lagern hier kostbare Bücher, frühe Handschriften und seltene Drucke der Reformationszeit.

Etwas erhöht liegt die katholische **Pfarrkirche St. Jakob und Georg**, die in der 2. Hälfte des 17. Jh. von Giulio Barbieri aus Rovereto als Benediktinerklosterkirche errichtet wurde. Der Innenraum erhielt 1757 von Hans Georg Gigl ein Wessobrunner Stuckkleid und eine qualitätvolle Ausstattung. 1803 wurde das Kloster säkularisiert.

Ehe man sich die wunderbare Gegend erwandert, sollte man dem **Museum am Mühlturm** (Di, Do, Sa, So 14–17 Uhr) noch einen Besuch abstatten. Es präsentiert Exponate zur Stadtgeschichte, zur turm. Auch der Besuch des südlich über Maierhöfen und Grünenbach zu erreichenden **Eistobels** im oberen Argental lohnt. Der Weg führt an der Argen entlang und dann durch engen Nagelfluhfels. Wenn die Wasserfälle in der steilen Schlucht im Winter einfrieren, entsteht ein märchenhaftes Labyrinth bizarrer Eiszapfen. Aber auch im Sommer bietet die über Felsbarrieren stürzende Argen ein reizvolles Naturschauspiel. Mit Glück kann man hier den schwarzen Salamander sehen, manchmal auch Eisvögel und Kolkraben.

Vergnüglich ist ein Ausflug mit der **Postkutsche**, originalgetreu nach einer Berline des 19. Jh. gebaut. Mit dem Kutscher in der Livrée der alten Königlich Württembergischen Post geht es mit 10 km/h durch die Allgäuer Berglandschaft (Auskunft Kurverwaltung).

Praktische Hinweise

Tel.-Vorwahl Isny: 0 75 62
Information: Kurverwaltung, Unterer Grabenweg 18, Tel. 98 41 10, Fax 98 41 72, Internet: www.isny.de

Hotels

***Berghotel Jägerhof**, 8 km außerhalb, Tel. 7 70, Fax 7 72 02, Internet: www.berghotel-jaegerhof.de. Großes Haus der Best Western Gruppe in Hanglage mit schönem Alpenblick, Schwimmbad und Tennisplätzen.

**Gasthof Adler, Großholzleute, Tel. 9 73 10, Fax 97 31 39, Internet: www.historischer-adler.de. Direkt an der Straße nach Kempten, aber mit ruhigem Gästehaus. Der stattliche Bau (1418) mit dem schönen Wirtshausschild war einst Thurn- und Taxis-Posthalterei, in der die durchreisende Prominenz, u. a. Maria Theresia und Marie Antoinette, abstieg. Das Restaurant im bäuerlichen Stil serviert Fisch, Wild und oberschwäbische Spezialitäten.

*Hotel Garni am Rossmarkt, Am Rossmarkt 8, Tel. 97 65 00, Fax 97 65 10. Freundliches neueres Haus, ruhig mitten in der Stadt gelegen. Die Zimmer haben Miniküchen.

Restaurant

Schloss-Gasthof Sonne, Schlossstr. 7, Neutrauchburg, Tel. 32 73. Mit schöner Terrasse, direkt gegenüber dem hübschen kleinen Schloss.

Isny – vom hohen Blaserturm am Marktplatz wurden einst die Tagesstunden kundgetan

Leinwandproduktion und eine komplette Münzwerkstatt.

Der **Schwarze Grat** (1118 m), der Hausberg von Isny, ist in 2½ Std. zu erklimmen. Ein Genuss ist der Fernblick auf die Alpenwelt von seinem Aussichts-

Bodensee aktuell A bis Z

Vor Reiseantritt

ADAC Info-Service:
Tel. 08 05/10 11 12, Fax 30 29 28
(0,12 €/Min.)
ADAC im Internet: www.adac.de

IBT Internationale Bodensee-Tourismus GmbH, Insel Mainau,
D-78462 Konstanz,
Tel. 0 75 53 1/9 09 40, Fax 90 94 94,
Internet: www.Bodensee-ferien.de

Vorarlberg Tourismus, Bahnhofstr. 14, A-6901 Bregenz,
Tel. 0 55 74/42 52 50, Fax 42 52 55,
Internet: www.vorarlberg-tourismus.at

Bodensee-Alpenrhein-Tourismus,
Bahnhofstr. 14, A-6900 Bregenz,
Tel. 0 55 74/4 34 43, Fax 43 44 34,
Internet: www.bodensee-altenrhein.at

Tourismusverband Ostschweiz,
Bahnhofplatz 1 a, CH-9001 St. Gallen,
Tel. 07 12 27 37 37, Fax 07 12 27 37 67,
Internet: www.ostschweiz-i.ch

Thurgau Tourismus, Arbonerstr. 2,
CH-8580 Amriswil,
Tel. 07 14 11 81 81, Fax 07 14 11 81 82,
Internet: www.thurgau-touristinfo.com

Allgemeine Informationen

Reisedokumente

Reisepass oder Personalausweis, Kinder unter 16 Jahren Kinderausweis oder Eintrag im Elternpass.

Kfz-Papiere

Führerschein, Fahrzeugschein und darüber hinaus die Internationale Grüne Versicherungskarte.

Krankenversicherung und Impfungen

Für Österreich und die Schweiz sollte man sich als *Krankenversicherung* den Anspruchsausweis der Krankenkasse ausstellen lassen sowie zusätzlich eine *Auslandskrankenversicherung* abschließen.

Für *Hund und Katze* benötigt man eine Tollwutschutzimpfung (mind. 30 Tage, max. ein Jahr alt).

Zollbestimmungen

Österreich

Im privaten Reiseverkehr innerhalb der EU dürfen Waren zum eigenen Verbrauch unbegrenzt mitgeführt werden. Zur Abgrenzung zwischen privater und gewerblicher Verwendung gelten folgende Richtmengen: 800 Zigaretten, 400 Zigarillos, 200 Zigarren, 1 kg Tabak, 10 l Spirituosen, 20 l Zwischenerzeugnisse, 90 l Wein (davon max. 60 l Schaumwein) und 110 l Bier.

Schweiz

Reisebedarf für den persönlichen Gebrauch ist zollfrei, muss aber wieder ausgeführt werden. *Zollfrei* bleiben: 200 Zigaretten oder 50 Zigarren oder 250 g Tabak, 2 l Wein oder andere Getränke bis 15 % Alkoholgehalt, 1 l Spirituosen über 15 % Alkoholgehalt, Reiseproviant für einen Tag, Waren zum eigenen Gebrauch im Wert bis zu 50 sfr, Geschenke bis zu 100 sfr. Bei Mitnahme von Lebensmitteln ist zu beachten, dass nur 2,5 kg Fleischwaren mitgeführt werden dürfen. Bei Kaninchen, Geflügel, Wild oder Fisch darf diese Menge voll ausgeschöpft werden, sonst sind nur 0,5 kg, bei Wurstwaren oder Büchsenfleisch je 1 kg gestattet.

Geld

In Österreich wie in Deutschland gilt der Euro (€). Zahlungsmittel in der Schweiz ist der Schweizer Franken (sfr). Die Ein- und Ausfuhr von Zahlungsmitteln ist nicht beschränkt.

Mit der *Postspar-Card* kann auch in der Schweiz monatlich der Gegenwert von

◁ *Bunter Bodensee-Alltag:* Autofähren verkehren ganzjährig am See (**oben**), Käse und Obst – Grundlagen bodenständiger Genüsse (**Mitte**), Naturerlebnis unter kundiger Führung im Wollmatinger Ried (**unten**)

2000 € abgehoben werden. Die gängigen *Kreditkarten* werden in den meisten Hotels, Restaurants und Geschäften akzeptiert. *EC-Geldautomaten* sind überall vorhanden.

Tourismusämter

Die Adressen sind bei den jeweiligen Orten unter den ›Praktischen Hinweisen‹ angegeben. Viele Tourismusämter, vor allem in kleineren Orten und außerhalb der Saison, sind über Mittag und auch am Wochenende geschlossen.

Notrufnummern

Deutschland
Polizei: Tel. 110
Rettungsdienst, Feuerwehr: Tel. 112
ADAC-Notrufzentrale München:
Tel. 00 49/89/22 22 22 (rund um die Uhr)
ADAC-Ambulanzdienst München:
Tel. 00 49/89/76 76 76 (rund um die Uhr)

Österreich
Polizei: Tel. 133
Feuerwehr: Tel. 122
Rettung, Notarzt, Bergrettung:
Tel. 144
ÖAMTC-Pannenhilfe:
Tel. 120 (rund um die Uhr)
ADAC-Notrufstation Wien:
Tel. 01/2 51 20 60 (rund um die Uhr)

Schweiz
Polizeinotruf: Tel. 117
Feuerwehr: Tel. 118
Unfallrettung, Tel. 144
Pannenhilfe des TCS (Touring-Club Schweiz): Tel. 140 (rund um die Uhr), aus Mobilnetzen Tel. 03 18 50 53 11

Diplomatische Vertretungen

Deutschland
Österreichisches Generalkonsulat,
Ismaninger Str. 136, 81675 München,
Tel. 0 89/99 81 50, Fax 9 81 02 25
Schweizerisches Generalkonsulat,
Brienner Str. 14, 80333 München,
Tel. 0 89/2 86 62 00, Fax 28 05 79 61

Österreich
Botschaft der Bundesrepublik Deutschland, Metternichgasse 3,
1030 Wien, Tel. 01/71 15 40,
Fax 7 13 83 66
Botschaft der Schweiz, Prinz-Eugen-Str. 7, 1040 Wien, Tel. 01/79 50 50,
Fax 7 95 05 21

Schweiz
Deutsches Generalkonsulat, 28 c,
chemin du Petit-Saconnex, 1209 Genf,
Tel. 02 27 30 11 11, Fax 02 27 34 30 43
Ständige Vertretung Österreichs,
9–11, rue de Varembé, 1211 Genf 20,
Tel. 02 27 48 20 48, Fax 02 27 48 20 40

Gesundheit

Rund um den See bieten eine Reihe von Kliniken und Kurhotels Therapie und Erholung. Nähere Informationen sind erhältlich bei der *Internationalen Bodensee-Tourismus* GmbH [s. S. 131]. Heilklimatischer Kurort, Luftkurort und/oder Kneippkurort sind unter anderem Heiden, Heiligenberg, Isny, Kisslegg, Radolfzell und Überlingen.

Besondere Verkehrsbestimmungen

Österreich
Tempolimits (in km/h) für Pkw und Motorräder betragen innerorts 50, außerorts 100, auf Autobahnen 130, zwischen 22 und 5 Uhr 110.

80 m vor und nach **Bahnübergängen** ist Überholverbot. An Schulbussen mit eingeschalteten Warnleuchten darf nicht vorbeigefahren werden. Auf **Bergstraßen** haben Post- und Linienbusse bei der An- und Abfahrt an Haltestellen Vorrang. Gelbe Zickzacklinien bedeuten **Halte-** und **Parkverbot**. Das Telefonieren mit **Handys** während der Fahrt ist nur mit Freisprechanlagen erlaubt.

Die **Promillegrenze** liegt bei 0,5.

Schweiz
Tempolimits (in km/h) für Pkw und Motorräder betragen innerorts 50, außerorts 80, auf Schnellstraßen und in Tunnels mit zwei Fahrspuren in beiden Richtungen 100. Im Tunnel muss immer das **Abblendlicht** eingeschaltet sein.

Auf **Bergstraßen** haben aufwärtsfahrende Fahrzeuge Vorrang. Gelbe Kreuze am Fahrbahnrand bedeuten **Parkverbot**, gelbe Linien **Halteverbot**.

Die **Promillegrenze** liegt bei 0,8.

Anreise

Auto

Umfangreiches **Informations- und Kartenmaterial** können ADAC-Mitglieder kostenlos bei den ADAC-Geschäftsstellen oder unter Tel. 0 18 05/10 11 12

(0,12 €/Min.) anfordern. Im ADAC Verlag sind außerdem der Städte- und Gemeindeatlas *Bodensee*, die Länderkarten *Österreich* und *Schweiz*, die Stadtpläne *Konstanz*, *Bregenz*, *Lindau*, *Friedrichshafen*, *Ravensburg* und das Reisemagazin *Bodensee* erschienen.

Aus dem Norden **Deutschlands** kommend, fährt man auf der Autobahn bis *Ulm* und weiter über die B 30 nach Friedrichshafen. In Ulm kann man auch die A 7 nach Memmingen, dort die A 96 nach Lindau nehmen.

Eine andere Möglichkeit ist die Autobahn bis *Stuttgart* und von dort die A 81 nach Singen bis zum Autobahnkreuz Hegau; die A 81 (E 41/54) führt von hier weiter nach Schaffhausen; nach Osten zweigt die A 98 Richtung Stockach ab, von wo die B 31 weiter nach Überlingen und bis Lindau führt. Nach Konstanz fährt man vom Kreuz Hegau auf der bis kurz vor Allensbach vierspurig ausgebauten B 33.

Die Autobahn A 96 von *München* über Memmingen, zwischen Leutkirch und Wangen noch nicht ganz ausgebaut, führt nach Lindau und Bregenz.

In der **Schweiz** führt die N 1 von Zürich über Winterthur und St. Gallen nach St. Margrethen. In Winterthur zweigt die N 7 direkt nach Konstanz ab. Vom Süden führt die Rheintalautobahn N 13 ebenfalls nach St. Margrethen.

Aus **Österreich** führt der Arlbergtunnel von Tirol nach Vorarlberg, die Autobahn A 14 erreicht Bregenz und hat dann Anschluss an die deutsche Autobahn.

Die österreichischen und Schweizer Autobahnen sind **gebührenpflichtig**. Vignetten werden zusätzlich zu den bereits mautpflichtigen Strecken (z. B. S 16 Arlberg-Schnellstraße im Arlbergtunnel) erhoben und sind beim ADAC im Vorverkauf erhältlich oder können in Trafiken, Postämtern, Versicherungen und an einigen Tankstellen erworben werden.

Bahn und Autoreisezug

IC- und ICE-Reisende aus dem Norden Deutschlands müssen in **Offenburg** umsteigen, von wo der Interregio nach 2 Std. in Konstanz ankommt. Die andere Möglichkeit ist, in **Stuttgart** oder **Ulm** umzusteigen und von dort in gut 1^1/$_2$ Std. mit dem Interregio nach Friedrichshafen und Lindau zu fahren; einige Interregios fahren weiter nach Bregenz, Dornbirn, Hohenems und über den Arlberg nach Innsbruck. Von **München** fährt der EC in 2^1/$_2$ Std. nach Lindau und weiter nach St. Gallen sowie Zürich.

Von **Zürich** kann man östlich über St. Gallen und St. Margrethen nach Bregenz fahren oder nach Konstanz zum Schweizer Bahnhof, der gleich neben dem DB-Bahnhof liegt.

Der **DB AutoZug** von Düsseldorf/Köln nach Lindau fährt jeden Sa (außer im Nov.). *Auskunft*: Deutsche Bahn Auto-Zug, Tel. 0 18 05/24 12 24, Internet: www.autozug.de

Bus

Die Deutsche Touring fährt regelmäßig von München nach Bregenz. *Auskunft*: Deutsche Touring, Am Römerhof 17, 60486 Frankfurt/Main, Tel. 0 69/79 03 50, Internet: www.deutsche-touring.com

Flugzeug

Stuttgart und **Zürich** sind die nächstgelegenen großen Flugplätze. Der Regional-Flughafen **Friedrichshafen** wird regelmäßig von Berlin, Hamburg und Wien direkt angeflogen. Werktags besteht eine Verbindung zwischen Frankfurt und dem Schweizer Flughafen **Altenrhein** (SG), der in Zukunft ausgebaut werden soll.

Bank, Post, Telefon

Bank

Im *deutschen* Bodenseeraum sind die Banken in der Regel Mo–Fr 8.30–12.30 und 13.45–15.30, Do bis 17.30 Uhr geöffnet, in *Österreich* Mo–Mi, Fr 8–12.30 und 13.30–15, Do bis 17 Uhr, in der *Schweiz* Mo–Fr 8.30–16.30 Uhr, Filialen in ländlichen Bereichen sind mittags geschlossen.

Fast überall gibt es **Bankomaten**, an denen man mit EC- und Kreditkarten rund um die Uhr Bargeld abheben kann.

Post

Postämter sind in der Regel Mo–Fr 8–12 und 15–17 Uhr geöffnet, Sa bis 12 Uhr.

Telefon

Internationale Vorwahlen:
Deutschland 0049
Österreich 0043
Schweiz 0041

Es folgt die Vorwahl bzw. Rufnummer (CH) ohne die Null.

Aktuell A bis Z

Internationale Telefonate können von allen öffentlichen Telefonen aus geführt werden. Sie funktionieren mit Münzen oder **Telefonkarten**, die man in Deutschland bei Post und Telekom, in Österreich bei Postämtern und Tabaktrafiken, in der Schweiz bei Postämtern, Bahnhöfen und Kiosken kaufen kann.

Mobiltelefone können im D1-, D2- und E-Plus-Netz benutzt werden.

Einkaufen

Öffnungszeiten

Im *deutschen* Bodenseegebiet sind Geschäfte in der Regel Mo–Fr 8 bzw. 9–18, Sa bis 14 bzw. 13 Uhr geöffnet, meistens mit 1–2 Std. Mittagspause. Die langen Abendöffnungszeiten werden sehr unterschiedlich gehandhabt.

Die gesetzlich erlaubten Öffnungszeiten in *Österreich* sind Mo–Fr 6–19.30 Uhr (in Tourismuszentren bis 21 Uhr), Sa bis 17 Uhr (in Tourismuszentren bis 23 Uhr) werden nur selten ausgeschöpft, viele Geschäfte haben eigene Ladenzeiten.

Geschäfte in der *Schweiz* sind im Allgemeinen Mo–Fr 8 bzw. 8.30–18.30, Sa bis 16 Uhr geöffnet.

Rund um den Bodensee ist das Leben selten billig. Ravensburg, Konstanz und St. Gallen sind die **Einkaufszentren** der Region, wo vor allem an Samstagen der kleine Grenzverkehr floriert. Zunehmend gibt es auch den ›Schnäppchenkauf‹ ab Fabrik. Beliebt sind zudem **Flohmärkte**, deren Termine man aus der regionalen Presse oder bei den Fremdenverkehrsämtern erfahren kann.

Obst kauft man am besten direkt beim Bauern

Souvenirs

Trödel und **Antiquitäten** werden allerorts angeboten, man wird jedoch nur selten wirkliche Entdeckungen machen. **Kurioses** findet man gelegentlich in den Schweizer Brockenhäusern, etwa in Feldbach bei Steckborn oder in St. Gallen (Katharinenstr./Goliathstr.). Kunst und Antiquitäten aus dem Bodenseeraum versteigert viermal im Jahr das *Auktionshaus Michael Zeller* (Bindergasse 7, Lindau, Tel. 0 83 82/9 30 20).

Töpfer, **Goldschmiede** und andere Kunsthandwerker mit ihren Werkstätten finden sich rund um den Bodensee. Ein qualitätvolles Angebot, modern wie traditionell, führen das *Vorarlberger Heimatwerk* in Bregenz (Montfortstr. 4) sowie das *Schweizer Heimatwerk* in St. Gallen (Hinterlauben 10) und Stein am Rhein (Unterstadt 28). **St. Galler Stickereien** bekommt man bei *Saphir* (Bleichestr. 9) und *Sturzenegger* (St. Leonhardstr. 12) in St. Gallen.

Besonders beliebt und zuweilen sehr originell sind auch **kulinarische Mitbringsel**. Allgäu, Vorarlberg und das Appenzellerland sind renommierte Käseproduzenten. Die Fremdenverkehrsämter nennen gerne Sennereien, wo man den **Käse** auf der Alm kaufen kann. Eine große Auswahl führen die *Appenzeller Käsehalle* in St. Gallen (an der Wiboradatreppe bei der Kirche St. Mang, Sa 7–12, 13.15–15.30 Uhr), *Chäs Sutter* in Appenzell (hinter dem Rathaus, neben dem Hotel Traube), wo es auch Molke und Ziegenbuttersalbe gegen Rheuma gibt, sowie das kleine Lädchen von *Maria Vögel* mitten in Schwarzenberg.

Bodenseefische, frisch und geräuchert (auch vakuumverpackt), bekommt man fast überall, zum Beispiel bei *Neptun* in Lindau (Grub), bei der *Fischerei Wilhelm Böhler* in Hemmenhofen (Kirchsteig), *Fischerei Martin Bilgeri* in Bregenz (Mehrerauer Str. 32) oder *Fischereigenossenschaft* an der Fähre in Konstanz-Staad.

Pralinenspezialisten sind die St. Galler Confiserien *Jörg* (Schmidgasse) und *Scherrer* (Marktplatz), *Wellauer* in Amriswil oder *Popp* in Überlingen. Beliebte Schweizer Süßigkeiten sind *Biberli* (Lebkuchen mit Marzipanfüllung) und *Gottlieber Hüppen* (zarte Waffeln).

Die **Bodenseeäpfel** sind berühmt und eine Haupterwerbsquelle der Landwirtschaft. Viele Bauernhöfe stellen im

Gaumenfreuden pur: herzhaft und spritzig

Die **badische Küche**, *die man im Westen des Bodenseegebiets antrifft, gilt als eine der besten in Deutschland. Sie wird bereichert durch viele schwäbische Spezialitäten, dazu findet man dank der glücklichen Kühe in allen drei Alpenländern leckere* **Käsegerichte** *von Fondue bis Käsespätzle. Kulinarische Höhepunkte sind die* **Fische** *aus dem See – Egli, Felchen oder Seeforellen, auch Lachs und Schleie –, die überall frisch zubereitet werden. Zur Jagdzeit werden gute* **Wildgerichte** *angeboten. Bei den süßen* **Desserts** *sind natürlich die Österreicher die Meister. Wenn* **Spezialitäten** *wie Dinnele (eine schwäbische Verwandte der Pizza), Knöpfle (Spätzle) in allen Variationen, im Frühjahr Bärlauchküchli oder Brennnesselsuppe, saure Kutteln oder im Herbst frische Pilze auf der Karte stehen, gibt es nur eines: Unbedingt ausprobieren!*

Zum guten Essen nicht fehlen darf natürlich ein Glas oder Fläschchen **Wein**. *Etwa 1400 ha Weinberge gibt es rund um den Bodensee. Angefangen mit dem Weinbau hatte Kaiser Karl III. (der Dicke) im 9. Jh., der Blauburgunder mitbrachte und bei Bodman anpflanzte. Die burgundischen Reben gedeihen noch heute, vor allem im Thurgau als Pinot Noir. Grauburgunder wird in der Schweiz Pinot gris, in Deutschland auch Ruländer genannt,*

Köche wie er garantieren Gaumenfreuden am Bodensee: Albert Bouley und seine fleißige Crew

Weißburgunder gibt es nur am deutschen Bodenseeufer. Die häufigste Rebsorte ist Müller-Thurgau, eine Kreuzung aus Riesling und Sylvaner. Seltener angebaut werden Chardonnay, Kerner, Bacchus und Traminer. Die meisten Weingüter, Winzervereine und Spitalkellereien haben eine lange Tradition, etliche – vor allem kleinere Betriebe – haben in den letzten Jahren erfolgreich auf ökologischen Weinbau umgestellt. Das feine Spiel von Blume und Körper, das einen guten Wein auszeichnet, lässt auch die Landschaft schmecken, in der die Reben wachsen. Die Weine sind oft spritzig, mit intensiven Fruchtnoten oder auch einem Hauch von Muskatduft.

Herbst Kisten und Säcke vor die Tür, man kann also leicht eine Ladung Vitamine mit nach Hause nehmen. Cox Orange, Golden Delicious, Jonagold, Elstar, Idared sind einige bekannte Sorten, auf den Streuobstwiesen werden aber auch wieder ältere Sorten kultiviert. Vor allem auf der *Insel Reichenau* wächst gutes Frühgemüse. In größeren Orten gibt es Wochenmärkte mit erntefrischer Ware. Auch Biohöfe sind zunehmend gefragt (Adressen bei den Fremdenverkehrsämtern).

Essen und Trinken

Das fruchtbare Land und das milde Klima lassen die besten ›Rohstoffe‹ – von Spar-

geln über Salat bis zu Zwiebeln – gedeihen, und die Köchinnen und Köche am Bodensee verstehen, das Beste daraus zu machen. Die Ballung von 3-Sterne- und Kochmützenrestaurants rund um den See spricht für sich. Wer auf Abwechslung aus ist, findet in den größeren Orten natürlich auch eine reiche Auswahl an italienischen, griechischen und chinesischen Restaurants.

Der schnelle Hunger kann mit einem *Schübling* oder einer *Olma-Bratwurst* gestillt werden. Im Gebirge wird man zur rustikalen *Speckjause* einkehren, die mit einem *Obstler* abgeschlossen wird – denn die ›Wässerchen‹, die aus dem guten Bodenseeobst gebrannt werden, sind von vorzüglicher Qualität.

Anmarsch zur Allensbacher Seeprozession

Feste und Feiern

Feiertage

Neujahr (1. Januar), Heilige-Drei-Könige (D/A, 6. Januar), Karfreitag, Ostermontag (D/CH), Tag der Arbeit (1. Mai), Pfingstmontag (D/CH), Fronleichnam (D/A), 1. August (CH, Nationalfeiertag), Mariä Himmelfahrt (Bayern, 15. August), Eidgenössischer Buß- und Bettag (CH, 21. September), 26. Oktober (A, Nationalfeiertag), Allerheiligen (A/D, 1. Oktober), Tag der deutschen Einheit (D, 3. Oktober), Mariä Empfängnis (A, 8. Dezember), Weihnachten.

Feste

Fast jeder Ort hat sein Blüten-, Obst-, Fisch-, See- oder Weinfest. Die Termine erfährt man aus der regionalen Presse oder bei den jeweiligen Fremdenverkehrsämtern. Hier eine Auswahl:

Februar/März

Fasching, Karneval oder Fasnacht heißt am Bodensee *Fasnet* und ist ein Urereignis, bei dem alte Traditionen munter weiterleben. Das bunte Treiben erreicht seinen Höhepunkt zwischen dem ›schmotzigen Dunschtig‹ (Donnerstag vor Rosenmontag) und Fasnachtsdienstag, besonders originelle *Umzüge* gibt es in **Friedrichshafen**, **Markdorf**, **Konstanz**, **Singen**, **Stockach** und **Überlingen**. Bizarr sind die Masken und Kostüme, die ihre Tradition im ländlichen Leben und in der Geschichte haben.

Ermatingen: Altertümlich bunt ist die *Groppenfasnacht* drei Wochen vor Ostern (nur alle drei Jahre: 2004 usw.).

Mai/Juni

Überlingen: Im Mai und Juni erinnert die *Schwedenprozession* mit Umzügen in historischen Kostümen und Schwerttänzen an den Sieg im Dreißigjährigen Krieg.

Appenzell: Im Mai und Juni finden in den Appenzeller Bergen nach guter sennischer Tradition die *Alpaufzüge* statt [s. S. 64]. – Die *Appenzeller Stoßwallfahrt* im Juni erinnert an den Kampf um die Unabhängigkeit der Schweiz.

Weingarten: Am Freitag nach Christi Himmelfahrt, dem *Blutfreitag*, findet mit dem Blutritt die größte Reiterprozession Europas statt. Hunderte von Pferden, Musikkapellen und viele Pilger begleiten die Reliquie bei der feierlichen Prozession.

Juli

Radolfzell: Die Wasserprozession beim *Hausherrenfest* ist ein farbenprächtiges folkloristisches Ereignis.

August

Ravensburg: Am letzten Wochenende vor den Württembergischen Schulferien feiert der ganze Ort das *Rutenfest*.

Konstanz, Kreuzlingen: Beim *Seenachtfest* am 2. Samstag des Monats wird die Nacht lang und lustig. Vor der nächtlichen Seekulisse wird ein gigantisches Feuerwerk abgebrannt.

Schaffhausen: Den Rheinfall kann man beim *Feuerwerk* in magischer Illumination erleben.

September

Meersburg: Eines der größten der vielen Weinfeste ist das *Bodensee-Weinfest* in der Meersburger Altstadt.

Hagnau, Konstanz: *Suser-Feste* – doch Vorsicht, der junge Wein steigt schnell zu Kopf!

Schwarzenberg: Der *Alpabtrieb* am 15. September ist eine Gelegenheit, die schönen Bregenzerwälder-Trachten zu sehen.

Oktober

Wallfahrt der Passagierschiffe um das ›Blaue Band‹.

Dezember

Besonders stimmungsvoll sind die *Weihnachtsmärkte* in Konstanz, Lindau und Meersburg.

Insel Mainau: Im Kerzenschein feiert man auf der Mainau das *Lucia-Fest*.

Klima und Reisezeit

Die beste Reisezeit ist zwischen Mai und September, doch bieten auch die Baumblüte im Frühling und der Herbst mit Obst- und Weinlese gute Bedingungen.

Das Wetter ist eines der mildesten in Deutschland – man sieht es auch an der manchmal fast subtropischen Vegetation. Die große Wasserfläche des Sees ist ein Wärmespeicher und bestimmt maßgeblich das **Binnenklima**, da Land und Wasser sich unterschiedlich erwärmen. Diese Temperaturunterschiede können aber auch für frische Winde sorgen, was selbst heiße Sommer angenehm macht, das Thermometer steigt selten über 25 °C.

Wenn jedoch der **Föhn** aus den Alpen einfällt, kann es schon einmal stürmisch werden. Segler wissen, dass sie auf die Warnzeichen zu achten haben, denn meterhohe Wellen sind kein Spaß. In seiner glasklaren Luft erscheinen allerdings auch weit entfernte Landschaften zum Greifen nah. Klirrenden Frost gibt es nur selten, aber auch im Sommer steigt die Wassertemperatur kaum über 20 °C.

Das voraussichtliche Wetter für den nächsten Ferientag verraten die *Wetterwarte Konstanz*, Tel. 0 75 31/58 27 70, oder der *Wetterdienst Bregenz*, Tel. 0 55 74/4 25 54.

Kultur live

Über aktuelle Veranstaltungen, genaue Daten und Spielpläne informieren die jeweiligen Fremdenverkehrsämter – siehe unter Praktische Hinweise bei den Ortsbeschreibungen.

Theater, Konzerte, Kleinkunst

Konstanz, St. Gallen und Bregenz haben **Repertoire-Theater**, in vielen anderen Orten gibt es Theatergastspiele. Sehr vergnüglich ist das kleine *St. Galler Puppentheater* (Lämmlisbrunnenstr. 34).

Schlösser, die sonst für das Publikum geschlossen sind, öffnen ihre Türen für **Konzerte** und **Festspiele**, in Heiligenberg, Achberg, Meersburg oder Wolfegg treffen sich dann die Musikfreunde.

Orgel- und **Kirchenmusikkonzerte**, zum Beispiel in der Birnau, in den Kirchen von Diessenhofen, Lindau oder Münsterlingen, und vor allem in Weingarten mit der klangvollen Gabler-Orgel sind ein eindrucksvolles Erlebnis.

Fetzigere Musik und **alternative Kleinkunst** bieten unter anderem in Friedrichshafen das *Jugend- und Kulturzentrum Molke* (Meistershofener Str. 11, Tel. 0 75 41/38 67 25) und der *Bahnhof Fischbach* (Eisenbahnstr. 15, Tel. 0 75 41/4 42 26), die *Gems* in Singen (Mühlenstr. 13, Tel. 0 77 31/6 75 78), das *Wirtshaus am Gehrenberg* (Markdorf, Tel. 0 75 44/27 91), *Cleopatra* in Konstanz (Tel. 0 75 31/1 78 16) oder das *Milchwerk* in Radolfzell (Tel. 0 77 32/8 13 62).

Zum Event sind in größeren Orten auch **Museumsnächte** geworden, die Kunst mit Kulinarischem verbinden.

Kulturelle Veranstaltungen

Mai
Den Reigen der großen Festivals eröffnet das *Bodensee-Festival* mit alljährlich fast 100 vorwiegend Konzertveranstaltungen an vielen verschiedenen Orten.

Bregenz: Der *Bregenzer Frühling* bietet ein attraktives Konzertprogramm.

Schwarzenberg, Bezau: Die *Schubertiade* bietet von Mai bis September Kammermusik von hohem Rang – ergänzt um ›Musikalische Landpartien‹ in die Umgebung.

Juni
Konstanz: Ein Großereignis ist *Rock am See* im Konstanzer Stadion.

St. Gallen: Das *Rockfestival* bietet drei Tage Rock vom Feinsten und ist ein Klassiker seit über 20 Jahren.

Schaffhausen: *Jazz-Festival.*

Klassik-Open-Air-Ereignis am Bodensee – Schlosspark-Konzert auf der Insel Mainau

Juli

Singen: Rock, Jazz und Swing tönen aus den romantischen Ruinen des Hohentwiel, Kabarettisten und Zauberer tragen zum nächtlichen Vergnügen bei.

Meersburg: Bis September spielt das *Sommertheater* in der Hämmerle-Fabrik.

Bregenz: Im Juli und August ertönen auf der riesigen Bregenzer Seebühne große Opern. Das Programm der *Bregenzer Festspiele* wird durch interessante Theater- und Konzertgastspiele ergänzt (Kartenvorverkauf und Auskunft: Tel. 0 55 74/40 76, Fax 40 74 00, Internet: www.bregenzerfestspiele.com).

August

Bregenz, Konstanz: Von Bregenz nach Konstanz oder, von Jahr zu Jahr wechselnd, in der Gegenrichtung segeln rund 200 Jachten um den großen Preis der *Ost-West-Regatta*.

Nachtleben

In allen größeren Orten rund um den See gibt es eine reiche Auswahl an Bars, Nachtklubs und Discos. Besonders Universitätsstädte wie Konstanz oder St. Gallen oder die Messestadt Dornbirn verfügen über eine vielfältige Kneipenkultur und ein abwechslungsreiches Angebot für Nachtschwärmer. Die interessanteste Kinoszene am See bietet Konstanz, zudem locken Spielbanken in Konstanz, Lindau und Bregenz die Einsatzfreudigen aus der Reserve.

Sport

Angeln, Drachenfliegen, Golfen, Reiten, Rudern, Schwimmen, Surfen, Tauchen, Tennis, Wildwasserfahrten, Wandern – es gibt fast keine Sportart, die in der Bodenseeregion nicht ausgeübt werden könnte. Dazu bieten Allgäu, Vorarlberg und Appenzell gute Wintersportmöglichkeiten, und in der Eissporthalle in Kreuzlingen kann man Schlittschuhlaufen. Auch für Inlineskater ist mit schönen Routen rund um den See gesorgt. *Auskunft* Tel. 0 75 31/9 42 36 30, Internet: www.skate-the-lake.

Nähere Informationen, auch über geführte Wanderungen und Bergtouren, Reiterhöfe, Tauch- oder Surfschulen und Bootsvermietung, bekommt man im Hotel oder bei den Fremdenverkehrsbüros.

Ballonfahren und Paragliding

Die Bodenseelandschaft aus der Vogelperspektive zu entdecken, ist ein stets beliebtes Urlaubsvergnügen. Ballonfahrten organisieren das *Sky Fun Heißluftballonteam Eugen Nußbaumer* im schweizerischen St. Margrethen (Tel. 07 17 47 99 11, Fax 07 17 47 99 15), *Raft Fun* in Konstanz (Tel. 0 75 31/1 74 78) und Hot Air Wilhelm in Markdorf (Tel. 0 75 44/40 65). Para- und Hängegleiter treffen sich gerne in Andelsbach.

Radfahren

Rund um den Bodensee gibt es ein gut ausgebautes und übersichtlich beschildertes Netz von Fahrradwegen. Ca. 300 km lang ist eine komplette Seeumrundung. Die beliebtesten Strecken sind natürlich dort, wo der Radweg schön eben und nicht neben der Autostraße verläuft – etwa von Kreuzlingen nach Arbon oder an Rhein und Ache um Bregenz.

Die Autofähre und die Schiffe der Weißen Flotte nehmen Fahrräder mit. Bei vielen Bahnhöfen, Verkehrsämtern und Hotels kann man Fahrräder leihen, sowie in Fahrradläden, die auch Mountainbikes zur Verfügung stellen.

Um die Fahrradtour noch komfortabler zu gestalten, kann man sein Gepäck jeweils zum Zielort transportieren lassen. *Auskunft:* Tel. 0 75 31/9 42 36 49, Internet: www.bodensee-radweg.com.

Rundflüge

Über den Bodensee und die Alpen fliegen *Konair-Flugbetriebs-GmbH* (Flugplatz Konstanz, Tel. 0 75 31/6 11 10),

Segler haben hübsche Aussicht – Meersburg

Flugplatz Friedrichshafen GmbH (Tel. 0 75 41/2 84 01), die *Fluggemeinschaft Heiligenberg* (Tel. 0 75 54/9 81 00). Mehrere Motorflieger stehen am *Flugplatz Pfullendorf* (Tel. 0 75 52/86 70) für Rundflüge bereit.

Segeln

Freizeitkapitäne von Booten mit mehr als $12\,m^2$ Segelfläche benötigen ein Schifferpatent der Kategorie D, für Motorboote und Segelboote über 6 PS braucht man ein Patent der Kategorie A. Für Besitzer anderer amtlicher Patente kann auf Anfrage eine befristete Fahrerlaubnis ausgestellt werden. Jedes Wasserfahrzeug, das länger als 2,5 m ist, muss ein amtliches Kennzeichen tragen. *Auskünfte* erteilen die Landrats- und Schifffahrtsämter.

Landratsamt Bodenseekreis, Schifffahrtsamt, D-88041 Friedrichshafen, Glämischstr. 1, Tel. 0 75 41/20 43 51

Landratsamt Konstanz, Schifffahrtsamt, D-78467 Konstanz, Reichenaustr. 37, Tel. 0 75 31/5 93 60

Landratsamt Lindau, Schifffahrtsamt, D-88131 Lindau, Stiftsplatz 4, Tel. 0 83 82/83 82 27 00

Schifffahrtskontrolle, Seepolizei des Kantons Thurgau, CH-8280 Kreuzlingen, Bleichestr. 42, Tel. 07 16 86 50 10

Straßen- und Schifffahrtsamt des Kantons St. Gallen, CH-9400 Rorschach, Kornhaus, Tel. 07 18 46 60 70

Bezirkshauptmannschaft Bregenz, A-6900 Bregenz, Seestr., Tel. 0 55 74/4 95 11 76

Statistik

Lage: Eingebettet im Dreiländereck Deutschland-Österreich-Schweiz und im Süden begrenzt von den Alpen mit dem Säntis (2502 m) als höchster Erhebung besitzt der Bodensee einen Umfang von 263 km. Dabei hat Deutschland (Länder Baden-Württemberg und Bayern) einen Uferanteil von 64% = 173 km, Österreich (Land Vorarlberg) einen Anteil von 10% = 28 km, die Schweiz (Kantone Appenzell Innerrhoden, Appenzell Außerrhoden, Schaffhausen, St. Gallen, Thurgau) von 26% = 72 km. Die größten Städte sind Konstanz (79 000 Einw.), St. Gallen (72 000 Einw.), Friedrichshafen (55 000 Einw.) und Ravensburg (47 000 Einw.).

Fläche: Mit einer Wasserfläche von ca. 539 km^2, einer mittleren Tiefe von 90 m und einer max. Tiefe von 252,5 m zwischen Friedrichshafen und Uttwil fasst der Bodensee eine Wassermenge von ca. 49 Milliarden m^3. Die größte Breite erreicht er mit 14 km zwischen Kressbronn und Rorschach. Der mittlere Wasserspiegel liegt bei 395,5 m ü. NN.

Zuflüsse: Alpenrhein, Bregenzer Ache, Argen, Schussen, Steinach, Stockacher Aach. Mittlerer Zufluss pro Jahr etwa 11 500 m^3

Universitäten: Konstanz, St. Gallen

Wirtschaft: Haupterwerbszweige sind die Bereiche Tourismus, Gesundheit, Landwirtschaft (Obst, Wein, Hopfen), Textilindustrie, Maschinenbau, Metallindustrie, Raumfahrt, Elektronik. Unter dem Begriff Euregio Bodensee wird seit längerem eine Intensivierung der wirtschaftlichen Zusammenarbeit der Anrainerländer angestrebt und auch von der EU unterstützt.

Unterkunft

Camping

Rund 50 gut ausgestattete Plätze liegen rund um den See. Detaillierte Auskünfte gibt der jährlich erscheinende *ADAC-Camping-Caravaning-Führer* (mit CD-ROM), der im Buchhandel erhältlich ist.

Ferienwohnungen

Für einen längeren Aufenthalt empfehlen sich Ferienwohnungen, die reichlich vorhanden sind, Adressen sind bei den Fremdenverkehrsbüros erhältlich. Dort bekommt man auch Adressen für *Ferien auf dem Bauernhof*, eine vor allem bei Familien beliebte Alternative.

Hotels und Gasthöfe

Etwa 50 000 Gästebetten gibt es rund um den See. Die Auswahl an Hotels ist groß und das Niveau im Allgemeinen hoch – was sich auch bei den Preisen bemerkbar macht. Es lohnt sich jedoch, vor allem in der Nebensaison, nach günstigen Pauschalangeboten zu fragen. Eine kleine Hotelauswahl ist jeweils bei den ›Praktischen Hinweisen‹ unter den Ortsbeschreibungen angegeben, mit *, **, *** als untere, mittlere und obere Preiskategorie gekennzeichnet. Ausführliche **Hotelverzeichnisse** gibt es bei den Fremdenverkehrsämtern.

Aktuell A bis Z

Jugendherbergen

Jugendherbergen gibt es in Friedrichshafen, Isny, Konstanz, Ravensburg, Singen, Überlingen, Lindau; Bregenz, Hard; Kreuzlingen, Romanshorn, St. Gallen, Schaffhausen und Stein am Rhein.

Deutsches Jugendherbergswerk DJH, Postfach 1455, D-32704 Detmold, Tel. 0 52 31/7 40 10, Fax 74 01 49, Internet: www.djh.de

Österreichischer Jugendherbergsverband, Schottenring 28, A-1010 Wien, Tel. 01/5 33 53 53, Fax 5 35 08 61, Internet: www.oejhv.or.at

Schweizer Jugendherbergen, Schaffhauser Str. 14, CH-8042 Zürich, Tel. 0 13 60 14 14, Fax 0 13 60 14 60, Internet: www.youthhostel.ch

Verkehrsmittel im Land

Bahn

Die Verbindungen rund um den See sind gut. Zwischen Weinfelden (im mittleren Thurgau), Konstanz, Radolfzell und Singen fährt der Regionalzug **Seehas** alle 30 Minuten. Der **Geisbock** verkehrt zwischen Ravensburg und Friedrichshafen. Das **Nordufer** erschließt die Gürtelbahn: Singen–Radolfzell–Überlingen–Salem–Bermatingen–Markdorf–Friedrichshafen–Lindau. Von Konstanz kommt man über Romanshorn nach St. Gallen oder Rorschach. Von Bregenz gibt es eine Verbindung nach Dornbirn über Hohenems bis Innsbruck.

Ermäßigung bieten das **Baden-Württemberg-** und das **Schöne-Wochenend-Ticket** (*Auskunft*: Deutsche Bahn, Tel. 0 18 05/99 66 33, Internet: www.bahn.de).

Das **Halbtax-Abo** der SBB bietet in der Schweiz nicht nur Vergünstigungen bei der Bahnfahrt, sondern auch für Mietwagen sowie in Hotels und Museen.

Mit der **Thurgauer Tageskarte**, die es auch als Familienkarte gibt, kann man verbilligt mit den regionalen Bahnen, Bussen und Schiffen fahren. Erhältlich ist sie an Bahnhöfen und Poststellen.

Bus

Das Busnetz wurde kontinuierlich ausgebaut und ist mittlerweile relativ gut, sehr gut in der Schweiz. Durch die Südbaden-Bus-GmbH und den Regionalverkehr Alb-Bodensee ist das deutsche Ufer gut erschlossen.

Fähren und Schiffe

Von seiner allerbesten Seite zeigt sich der Bodensee auf dem Wasser. Die Anlegestellen liegen meist zentral – Schiffsreisende können ohne Parkplatzprobleme durch die Städte spazieren. Etwa 3 Std. dauert die Passage von Konstanz nach Lindau. Die **BodenseeErlebniskarte** (für 3, 7 oder 14 Tage) bietet freie Fahrt auf vielen Schiffen, dazu freien oder ermäßigten Eintritt in viele Museen.

Die **Auto- und Personenfähre** Konstanz –Staad–Meersburg (Tel. 0 75 31/80 30) verkehrt ganzjährig rund um die Uhr, die Auto- und Personenfähre Friedrichshafen–Romanshorn (Tel. 0 75 41/20 13 89) legt stündlich ab, die Personenfähre Allensbach–Reichenau ist nur von April bis September in Betrieb, die Personenfähre Wallhausen–Überlingen verkehrt stündlich, reduziert im November.

Auf dem ganzen Bodensee verkehren fahrplanmäßig Schiffe. *Auskünfte* erteilen die Schiffsbetriebe:

Bodensee-Schiffsbetriebe (BSB), Konstanz: Tel. 0 75 31/28 13 89, Lindau: Tel. 0 83 82/94 44 16

Bodenseeschifffahrt (ÖBB), Bregenz: Tel. 0 55 74/4 28 68

Bodenseeschifffahrt (SBS), Romanshorn: Tel. 07 14 63 34 35

Schweizerische Schifffahrtsgesellschaft Untersee und Rhein, Schaffhausen: Tel. 05 26 34 08 88.

TOP TIPP Höhepunkt eines Bodenseeurlaubs ist die **Untersee-Rhein-Fahrt:** Zwischen April und Oktober fahren die Schiffe knapp 4 Std. von Kreuzlingen und Konstanz nach Schaffhausen. In gemächlichem Tempo sieht man die Reichenau und all die hübschen Städtchen vorüberziehen – der Ausflug zählt zu den schönsten Landschaftserlebnissen am See und ist auch als Pauschalangebot mit einem Fischessen an Land zu buchen. Beliebt sind auch **Nostalgiefahrten** mit dem renovierten Schaufelraddampfer ›Hohentwiel‹ (siehe auch S. 70, Tel. 0 75 51/ 91 52 26, Internet: www.hohentwiel.de).

Mietwagen

Mietwagen der internationalen Leihfirmen gibt es in allen größeren Orten. Mitglieder können über die ADAC-Geschäftsstellen oder unter Tel. 0 18 05/ 31 81 81 (0,12 €/Min.) bei der ADAC-Autovermietung preisgünstig ein Auto vorbuchen.

Bildnachweis

Archiv für Kunst und Geschichte, Berlin: 13 (2), 15, 96 oben – *Bregenzer Festspiele GmbH, Bregenz*: 11 oben (Foto: Winsauer, Dornbirn), 66 (Foto: Geiger) – *Werner Dieterich, Stuttgart*: 10 unten, 48, 51, 57 unten, 70 oben, 86, 106, 110, 114 oben, 130 Mitte rechts, 138 – *DIZ, München*: 14 unten – *Fotoarchiv Blumeninsel Mainau GmbH*: 25 oben (Luftbild Brugger), 137 – *Ralf Freyer, Freiburg*: 6/7 unten, 34, 70 unten, 84, 92/93 oben, 94, 116, 117, 119 (2), 125, 127 – *Brigitte und Emanuel Gronau, Weilheim*: 5 (2), 6 oben, 7 oben, 8 Mitte und unten, 9 unten, 10 oben, 20, 21 (2), 26, 28/29, 30 oben, 32, 35, 36, 38, 39, 40, 42 unten, 44/45, 47, 49, 52 oben, 59 unten, 61 (2), 64, 68, 71, 74 oben, 77, 82 oben, 85 oben, 87, 88 unten, 91, 92 unten, 96 unten, 97, 98, 100, 102, 103, 107, 108, 111 oben, 112, 113, 120, 121, 122, 123 (2), 124, 126, 129, 130 oben und Mitte links, 134 – *Andreas Hafen, Konstanz*: 24, 130 unten – *Herbert Haltmeier, Arbon*: 12, 43, 52 unten, 55, 57 oben, 59 oben – *Kur- und Touristik GmbH, Überlingen*: 101 – *Pfänderbahn AG Bregenz*: 72 (Foto Walser) – *Ravensburger AG, Ravensburg*: 115 – *Restaurant Waldhorn (A. Bouley), Ravensburg*: 135, Umschlag-Rückseite linke Spalte, Restaurants – *Werner Richner, Saarlouis*: 9 oben, 25 unten, 31, 74 Mitte und unten, 78 oben, 89, 99, 104, 118 – *Marco Schneiders, Lindau*: 8 oben, 28, 65, 82 unten – *Toni Schneiders, Lindau*: 10 Mitte, 16/17, 30 unten, 42 oben, 46, 53, 56, 62, 69, 78 unten, 80, 85 unten, 95, 114 unten – *Schubertiade GmbH, Hohenems*: 75 – *Steigenberger Inselhotel, Konstanz*: Umschlag-Rückseite linke Spalte, Hotels – *Textilmuseum St. Gallen*: 14 oben – *Verkehrsamt Allensbach*: 136 – *Verkehrs- verein e. V. Lindau*: 83 – *Thomas Peter Widmann, Regensburg*: 37, 50, 81, 88 oben, 111 unten, 128, Umschlag-Rückseite rechte Spalte, Museen – *Hella Wolff-Seybold, Konstanz*: 11 unten, 19, 22, 23 – *Zeppelin Museum Friedrichshafen*: 90 – *Zweckverband Bodensee-Wasserversorgung, Stuttgart*: 105

In der ADAC-Reiseführer-Reihe sind erschienen:

Ägypten	Malta
Algarve	Marokko
Amsterdam	Mauritius
Andalusien	und Rodrigues
Australien	Mecklenburg-
Bali und Lombok	Vorpommern
Barcelona	Mexiko
Berlin	München
Bodensee	Neuengland
Brandenburg	Neuseeland
Brasilien	New York
Bretagne	Norwegen
Budapest	Oberbayern
Burgund	Österreich
Costa Brava und	Paris
Costa Daurada	Peloponnes
Côte d'Azur	Piemont, Lombardei,
Dalmatien	Valle d'Aosta
Dänemark	Portugal
Dominikanische Republik	Prag
Dresden	Provence
Elsass	Rhodos
Emilia Romagna	Rom
Florenz	Rügen, Hiddensee,
Florida	Stralsund
Französische	Salzburg
Atlantikküste	Sardinien
Fuerteventura	Schleswig-Holstein
Gardasee	Schottland
Golf von Neapel	Schweden
Gran Canaria	Schweiz
Hamburg	Sizilien
Hongkong und Macau	Spanien
Ibiza und Formentera	St. Petersburg
Irland	Südafrika
Israel	Südengland
Istrien und Kvarner Golf	Südtirol
Italienische Adria	Teneriffa
Italienische Riviera	Tessin
Jamaika	Thailand
Kalifornien	Toskana
Kanada – Der Osten	Tunesien
Kanada – Der Westen	Türkei-Südküste
Karibik	Türkei-Westküste
Kenia	Umbrien
Kreta	Ungarn
Kuba	USA-Südstaaten
Kykladen	USA-Südwest
Lanzarote	Venedig
London	Venetien und Friaul
Madeira	Wien
Mallorca	Zypern

Weitere Titel in Vorbereitung

Impressum

Umschlag-Vorderseite: Der Hafen von Lindau, bewacht vom Bayerischen Löwen
Foto: Gerold Jung, Ottobrunn

Titelseite: Ungeniert – Joseph Anton Feuchtmayers ›Honigschlecker‹
in der Birnau
Foto: Brigitte und Emanuel Gronau, Weilheim

Abbildungen: siehe Bildnachweis S. 143

Lektorat und Bildredaktion:
Johannes Graf v. Preysing
Aktualisierung: Astrid Rohmfeld
Gestaltung: Norbert Dinkel, München
Karten: Mohrbach Kreative Kartographie, München
Reproduktion: eurocrom 4, Villorba/Italien
Satz: Filmsatz Schröter GmbH, München
Druck, Bindung: Ebner & Spiegel, Ulm
Printed in Germany

ISBN 3-87003-758-X

Gedruckt auf chlorfrei gebleichtem Papier

3., neu bearbeitete Auflage 2002
© ADAC Verlag GmbH, München

Redaktion ADAC-Reiseführer:
ADAC Verlag GmbH, 81365 München